日本近代の仏教女子教育

中西直樹
Naoki Nakanishi

法藏館

日本近代の仏教女子教育＊目次

日本近代の仏教女子教育

装丁――小林　元

序章　仏教女子教育の挫折と可能性

一八八〇年代後半以降、仏教者はキリスト教の動向に刺激されて、近代的女子教育に着手し始めたが、その前には、宗派的宗教教育を学校教育の現場から排除しようとする政府の教育行政が大きく立ちはだかった。それまでも学校設置申請の許認可・指導を通じて宗教教育を抑圧してきた政府は、一八九九（明治三二）年、文部省訓令第十二号により、この方針を明文化した。[1]もちろん、教育と宗教の分離は、近代公教育制度の基本的原則の一つであり、信教の自由と教育の中立性を保つため必要な措置であることはいうまでもない。[2]しかし、それが本来私教育であるはずの私立学校[3]にまで拡大されて適用されたのには理由があった。というのも、近代天皇制国家は、「宗教でないとされた国家神道」を学校教育によって国民意識に定着させ、強固な国民統合を構築しようとしたのであり、そのためには、宗派的宗教教育を徹底的に排除する必要があったのである。

仏教主義教育の障壁となったのは、こうした政府の外部からの規制だけではなかった。仏教者は、帝国主義的国民統合を目指す国家の意図をくんで、自己の本来的立場を放棄してまで、これに奉仕しようとしたのであり、この姿勢を体制イデオローグらは巧みに利用したのである。その際、仏教者の天皇制イデオロギーへの没入を可能としたのが、「通宗教的情操教育」の奨励であった(4)。

確たる教義や布教者をもたない国家神道にとって、国民に大きな影響力をもつ仏教の教化力は垂涎の的であったが、宗派性を保持したままでは利用しえないものでもあった。そこで、宗派性に偏した宗教教育を行うことは問題であるが、各宗教に共通する宗教的情操の涵養ならば、かえって有益であるという解釈が用意され、天皇制支配の矛盾が表面化するに伴い、宗教教育への期待は高まっていった。そこで推奨された宗教教育の内実とは、宗派性を否定することで、各宗教の絶対世界に対する「畏敬《いけい》の念《ねん》」を、その信仰対象から切り離して抽出し、世俗権力たる天皇＝国家の服従心への転化を図ったものであり、天皇制イデオロギー注入教育そのものであったということができる。特に戦時体制が強まりつつあった一九三五（昭和一〇）には、「通宗教的情操教育ノ涵養ニ関スル」文部次官通牒が出され、積極的な通宗教的情操教育の奨励策が公式に表明された。

ところで、女子教育にあっては、この通宗教的情操の涵養がとりわけ重要視された。明治末以降、政府は国民を天皇の「赤子」に見立て、国家を家族の延長になぞらえる家族国家観によって天皇制支配を再編成しようとしたが、そのためには家制度の温存を図るとともに、女性に対しては家への従属を甘受する精神を養う必要があるとされた。封建期より国民の祖先崇拝に深く根を下ろし、家制度によって勢力を保持してきた仏教は、伝統的教化力を駆使して、この家族国家観の宣布に力を尽くしていった。こうした状況下で、仏教の体制イデオロギーへの埋没状況は促進され、わが国の教育の私事性と宗教教育の健全な発達は著しく阻害されたのである。

戦後、国家神道は一応解体し、私立学校における宗派的宗教教育も解禁となった。ところが、仏教主義に基づく教育理念の構築にさほど進展が見られたとは言い難い。このことは、仏教者が体制イデオロギーを無批判に内面化してきた過去のあり様を精算してこなかったことに起因すると考えられる。また今日、仏教の拠り所となってきた家制度が大きく揺らぐなかで、これに対する明確な処方箋を見出せずにいることとも無関係ではないであろう。

本書は、上述の問題関心から、仏教者の女子教育が天皇制教育理念を内面化していく過程を分析しつつ、その内縛を突破していく可能性を探ることを目的としている。まず第Ｉ部の第一章から第四章においては、主に明治期に仏教者が設立した女学校の状況と教育理念を概観した。次いで第II部の第一章では、仏教女学校がその一翼を担うに至ったわが国近代女子教育の特殊性の検討を通じて、民衆の教育願望に対する反動性を明らかにすることを試みた。そして第二章で、その反動性を打破する試みとして、西本願寺仏教婦人会の女子大学設立運動をとりあげた。結局のところ、運動は挫折を余儀なくされたのであるが、今なおその試みは、今後の仏教主義女子教育の進むべき道に一つの方向性を指し示していると考えるのである。

［註］

（1）明治三二年文部省訓令第十二号は、八月三日に次の文面で全国の道府県及び文部省直轄学校に発せられている。

一般ノ教育ヲシテ宗教ノ外ニ特立セシムルハ学政上最必要トス依テ官立公立学校及学科課程ニ関シ法令ノ規定アル学校ニ於テハ課程外タリトモ宗教上ノ教育ヲ施シ又ハ宗教上ノ儀式ヲ行フコトヲ許サザルヘシ（『明治以降教育発達史』第四巻　六六二頁）。

また本訓令制定の背景などについては、久木幸男「訓令12号の思想と現実」（『横浜国立大学教育紀要』13・14・16集　一九七三年一〇月～一九七六年九月）が詳しい。

（2）近代公教育における教育と宗教の分離問題は、資本主義社会の成熟による利害対立を国内的に統合して、国際的生存競争にそなえるという課題も担っていた。そのため国家は、民衆教育を宗教から奪取して内容的にも道徳教育の決定者として立ち現れようとする傾向を有しているのだが、私立学校にまで宗教教育の禁止が徹底されたのは、諸外国と比べても特異な事例といえる（長尾十三二『近代ヨーロッパの教育と政治』明治図書　一九七一年、梅根悟監修『道徳教育史Ⅰ』（世界教育史体系）講談社　一九七六年）。

（3）現行の教育法についても、私立学校を公教育の一環と位置づける意見もあるが、本来的には私教育とみなすべきであると考えられる（俵正市『解説私立学校法』二三～二五頁　法友社　一九八二年、相良惟一『私学運営論』三五五～三七五頁　教育開発社　一九八五年）。

（4）明治末年における諸宗教の国家神道翼賛体制の形成については、拙稿「日本ユニテリアン協会の試みと挫折―宗教的寛容と雑居性の狭間のなかで―」（『龍谷史壇』一一四号　二〇〇〇年三月）を参照。また以後の文部省の通宗教的教育容認動向については、鈴木美南子「天皇制下の国民教育と宗教―大正～昭和期を中心として―」（伊藤彌彦編『日本近代教育史再考』昭和堂　一九八六年）、山口和孝「文部省訓令十二号（一八九九年）と『宗教的情操教育ノ涵養ニ関スル』文部次官通牒（一九三五年）の歴史的意義について」（国際基督教大学学報Ⅰ―A『教育研究』一九七九年三月）等を参照。

第Ⅰ部

第一章　鹿鳴館時代にはじまる仏教女子教育（83～89年）

学制頒布に先立つ一八七二（明治五）年六月、文部省は学制着手のための手順として、九カ条の重点項目を示した。その三項目には、「一般ノ女子、男子ト均シク教育ヲ被ラシムルベキ事」が掲げられていたが、実際に女子の初等教育就学率は二割ほどに停滞し、男子に比べても半分以下という状況がしばらく続いた。中等教育については、同年に東京と京都に官公立の女学校が開設され、数年後には栃木・岐阜などにも設置されたが、八二年度に至っても、その数はわずか五校に過ぎず、生徒数も三〇〇名たらずであった。行政の対応の遅れを尻目に、近代日本の女子教育を牽引したのがキリスト教である。キリスト教は、一八七〇年設立のフェリス女学校（横浜）をはじめ、七五年設立の神戸英和女学校（神戸）・照暗女学校（平安女学院、大阪のち京都）、七七年設立の立教女学校（東京）など、八二年の時点ですでに二〇校近い女学校を設置していた。

一八八〇年代に入ると、政府は不平等条約改正の実現に向けて、風俗・習慣・文化その他あらゆる面での「欧化」を推進する政策をとった。特に内外の外交官や上流人士の社交の場として鹿鳴館が開館する八三（明治一六）年からは、一般に「鹿鳴館時代」といわれている。この時期、男尊女卑の打破・女権の拡張は、開化・欧化の必須条件のごとく論じられ、欧米婦人の教養を授ける女学校は大いに活況を呈し、キリスト教の女子教育活動はさらに活発化していった。この頃の一見華やかな欧化現象が、おおむね一部上流階級の風俗的な流行に終わったことは否めないが、[1]キリスト教主義学校が女子教育の先駆的役割を果たし、次代の女子教育家・社会改良家・女流文学者などを多数輩出した点は注目に値する。[2]また、巌本善治らの『女学雑誌』に展開された「女学」論は、今日から見ればいくつかの根本的問題点を指摘し得るものの、女子無能力論が通念化していた当時にあって、家庭人としての社会的有用性を強調することによって女性の地位向上に寄与した点で高く評価されている。[3]

一方、仏教側もキリスト教の動向に刺激され、従来の女人講など[4]を婦人教会に改組して女性信者の組織化を図るとともに、[5]雑誌発刊[6]・女学校設置など開化状況に対応した事業に着手していった。特に女学校については、キリスト教系が八九年当時において五〇校[7]を越えていたのに対し、仏教系も八六年から八九年の間に二〇校ほどの設立をみている。

一　近代女子教育論の興起

仏教側の事情　維新期の廃仏毀釈以来、常に危機的状況にあった仏教教団は、一八七五（明治八）

年に大教院離脱・信教自由運動を通じて、ようやく神道の支配下を脱し一応布教権を回復するに至った。しかし、これに伴い仏教教団各派は、天皇制下の民衆教化の担い手たる教導職を教団ごとに養成することを求められ、以後、神仏合併の大教院体制に代わる教育機関の整備に追われることとなる。例えば西本願寺派では、翌七六年一〇月に学制を定め、八一年頃までに京都本山に一つの大教校（後の龍谷大学）と全国に四〇近い小教校（現在の平安高校・北陸高校などの前身）の設立をみている。その後、八四年には教導職制度自体が廃止され、地方の教校設立運動も一段落するに及んで、仏教者はキリスト教側の活発な女子教育事業を看過しえないものと意識しはじめた。

キリスト教への対抗　キリスト教主義女学校の設置は、一八八〇年代に入ると、欧化主義全盛の風潮を受け、東京・横浜・大阪・神戸などの大都市・外国人居留地はもとより地方にも設置されるようになった。これに対して、仏教系新聞・雑誌は危機意識をつのらせるとともに、仏教主義女学校の設置を求める論調を活発に展開した。

早い事例として、『奇日新報』（現在の『本願寺新報』の前身紙の一つ）は、八三年六月九日付の社説「女子の信徒」で、「我国ノ外教信徒輩ハ其教ニ随ヒ眼ヲ女子教導ニ注クモノ最モ多カリシニヤ、西京ニ於テモ所々ニ女学校ヲ設ケテ盛ニ婦女ヲ教ヘ又伝教スルニモ重ニ女子ヲ誘導スル」と、キリスト教が女子教育に着眼して教線を拡大しつつある実態にふれ、仏教の弘通のため「一大女教校」を設けることを主張している。しかし、同時に「女子ハ傾国傾城トイヒテ其罪障最モ軽カラス」[8]といい、女性蔑視的な意識も覗かせている。

伝統的女性教化の克服　欧化状況の浸透につれて、仏教系世論のなかにも女性の自立・権利の拡張を求める主張は盛んとなっていくが[9]、女性を仏道非器とし五障三従を説いてきた従来の教説は、近代的女性教化活動を行うにあたっての大きな障壁となるものであった。この問題にいち早く言及したのは、澤井洵（後の高楠順次郎、『大正新修大蔵経』を監修、武蔵野女学院の設立者）である。澤井は、一八八七年七月一日付『奇日新報』紙上[10]において、従来の仏説中に女性を抑圧するかのごとき表現があるのは「女子柔弱ノ心ヲ策励センカ為ノ教訓」であるといい、宗門（西本願寺派）の本意は決して男尊女卑を肯定することにあるのではないと弁明する。そして、それにもかかわらず、世間から教団が男尊女卑の弊風を踏襲してきたかのような批判を受けるのは、宗門内の女性自身に自立の気風が乏しいことによるものだとして女性に奮起を促している。しかし、男性優位の教団的体質の責任を女性の自立気風の欠如にのみ帰することには問題があり、「女子柔弱ノ心ヲ策励センカ為ノ教訓」との説明で、女性を劣位においてきた伝統的教説の問題性を克服したことにならないことはいうまでもない。

八八年二月九日付『奇日新報』の「女子教育ノ事ヲ論ス」でもこの問題はとりあげられている。しかし、仏教の男尊女卑的性格を批判するのであれば、同様に男女を平等に扱わない軍隊や学校も非難されて然るべきだと、半ば開き直ったような主張をしている。またアダムの脇骨を抜いてイヴをつくったという旧約聖書こそを「男尊女卑ノ源流」というべきだとして、キリスト教の教義の男尊女卑的性格を指摘することで自己弁護を試みている。結局、多くの仏教者の姿勢は、従来、仏教教団の説いてきた封建的女性観に根本的検討を加えることを棚上げにしたまま、欧化主義的状況に対応していこうとするものであった。

島地黙雷の女子教育思想　西本願寺教団の近代化をリードした島地黙雷は、女性教化の面においても、開化状況への素早い対応をみせた仏教者のひとりである。島地は、一八八八年に東京の上流婦人を組織化すべく「令女教会」を結成しており、翌年この会における講話[12]のなかで、人間のみならず一切衆生の「一如平等」を説く仏教に、女性を軽んじることはあり得ないと断言している。「女人は仏道の器に非ず」ということについても、女性そのもののことを言ったのではなく、「心の女、即ち仏道に奮起する心のなき、うぢうぢした者」を表現するための比喩であるという。そして、いかに仏教が性差の超越を目指すものであるかを示す事例として、『維摩経』の舎利弗と天女の説話を証左に挙げる。内容は次のようなものである。――天女に問答でやりこめられた舎利弗が、汝はどうして女の身でそんなに知恵弁才に優れているのかと問うたところ、私を女というがお前こそ女ではないのかと言われる。驚いた舎利弗が、我が身を見ると女性に変じており、天女の方が男性となっていた。――この説話の真意が性差に対するとらわれからの脱却を示すことにあり、仏教の本来的立場が女性を差別するものでないとしても、仏道に奮起する心のなき者を「女人」として比喩してきた差別性は、なお問題として残るはずである。これについて、島地は世間でも物事を成し遂げるときに「大丈夫」と男性の呼称を用いる例があるとし、社会通念の範囲内の表現であると弁明する。

西洋の婦人の地位が高いことに関しても、文化の進展による結果であるといい、キリスト教の影響をきっぱりと否定する。逆に東洋の婦人の地位が低いことも、仏教の責に帰するべきでないとして、「婦人を荒々敷扱ふは、只草昧未開の風俗習慣のみ、これを以て仏教の教失とせんとするは」事実を曲解し、仏教を陥れようとする行為だと論じている。つまり、島地の理解によれば、究極的に男女平等を説く仏教教団に、男尊女卑的側面がみられたとしても、それは教団の責任というより、文明の進歩の度合い、すなわち歴史的拘束性に起因するということになる。しかし、差別の要因を内なる体質に問うことなく外面的諸事情に転嫁していく姿勢は、現実の性差別を変革していく主体性の喪失を意味し、現状追認へと帰結していく危険性を内包するものであった。むろん、島地は、男尊女卑的現状を肯定はしていない。九一年八月の京都婦人教会における講話では、[13]

漸々女子が教育に拠て智識を磨き、或は職業等の技術を学習し来れば、智識社会より見るも、経済社会より眺むるも、是非女子を尊敬せねばならぬことになるなり、即ち其丈の地位を高むるに随って、尊敬を増すことになるは、当り前の事と申すへし、

と述べ、文明開化にふさわしい教養を身につけさせることで、女性地位の向上を強く主張している。しかし、同じ講話のなかで次のようにも言っている。

教会や学校に於ても、女子の学び方は男子の学ぶものとは違ふ、婦人は内を治むるのが職で

ある。夫故内を治むることを学ばねばならぬ。（中略）今女子が男子の真似をし、男子が女子の真似をしたら、何処に男子と云ふ所があるか、何処に女子と云ふ所のものがあるか、さっぱり男と女の差別がなひことになる。

男女にはそれぞれ生得的に異なる価値があるとし、その価値において優劣はないとするものの、男女の役割を絶対的と見る立場から男女同権論に対しては激しい拒絶反応を示すのである。[14]

島地にみる差別即平等説　島地には、性差へのとらわれを否定し男女平等を説く立場と、性差を強調し男女の役割分担を固定化しようとする姿勢との二面性がみてとれるのだが、この二面性をさらに詳しく検討するために彼の差別即平等説をとりあげよう。

島地は、一八七九年四月、「差別平等説」と題する講演[15]を行っているが、このなかで「平等やは差別を滅無して而して後に平等なるにあらず、差別も亦平等を滅無して而して後に差別を成するにあらず。差別平等両ら存して体相比対し此名を生ずるものなり」と論じている。本来仏教で「差別即平等」という際の「差別（しゃべつ）」とは、本質的に平等である個々の存在が、現象としては異なる様相をもって示現することを説明するものであり、決して作為的に扱いに不当な差をつける「差別（さべつ）」を肯定するものではない。しかしながら、島地の理解は、両者を同次元において使用し差別を追認する封建教学の伝統を、なお脱し得るものではなかった。例えば貧富貴賤の差についても、

人間平等の原理に基き、貧富貴賤の差別を亡ぼし、所有を解散して万人を平均せんとす。果

して然れば是れ平等に偏執して差別を知らざるものと謂ふべし。夫れ人間固より平等なりと云へども、謂ゆる平等は差別に即して平等なるものなり。豈貧富貴賤の差別を亡ぼし、而して後方めて平等ならんや。（中略）凡そ物の均しからざるは物の常にして因縁以て差別するは法界自然の徳相なり。何ぞ必ずしも貧富貴賤の異あるのみならんや。夫れ爾り、貧富貴賤の差別ある亦必ず差別すべき因縁に依れり。何の所にか天然の貧富自然の貴賤あらんや。

と述べ、貧富貴賤には、それを然らしめている因縁があるのだとして、現実の差別の打破には消極的な姿勢を示している。こうした差別即平等論に立脚するとき、本質論としての仏教的平等思想は観念的領域に閉ざされ、本質の具現化に向けて現実の不当な差別を打破していく起点とはなり難い。相対的に女性の地位向上を目指す主張も、仏教的平等思想から導き出されたものとは言い難く、欧化全盛の時流への対応という観点からなされているに過ぎないのである。

男女の生得的な相違に基づく役割分担を強調しつつ女性の地位向上を主張した島地の女子教育論は、一面、巌本善治の男女異質同等論[16]にも相通ずるところがある。しかし、巌本がキリスト教に基づく新しい夫婦・家族像（ホーム論）を提示することによって、封建的人間紐帯に抑圧された女性に対して一定の解放性を与えるものであったのに比べると、島地の女性地位向上論は「家」に従属する伝統的女性像を追認していく傾向が強く、現実を変革していく志向性の乏しいものであった。

赤松照幢の女子教育思想　島地に対して、女学校設置の必要性を仏教教団にとっての実利的な面から指摘したのが赤松照幢《しょうどう》（西本願寺派徳応寺住職）である。赤松は、一八八六年五月『奇日新報』に蜻州道人のペンネームで「女子教校ヲ起スノ議[17]」を寄稿し、仏教者による女子教育機関が必要な理由を三つの点から考察している。それによれば、第一に女子教育は、将来母として子どもに大きな影響力を有する点で重視されねばならない。「人夫ノ師標トナル僧侶ノ母タルモノ」には、とりわけ教育が必要となるというのである。第二には、布教伝道の一翼を担う女性を養成するためにも女子教育機関は是非とも必要であるという。そして第三には、

我教家カ護法扶宗ノ地位ヲ鞏固ニシ布教伝道ノ生路ヲ開カントスルニハ宜ク宗教ヲ以産業視スルノ念ヲ放却シ門徒檀家ニ媚ヒテ衣食ヲ求ムルカ如キ風習ヲ一変セシメサルヘカラス是ニ於テカ法ノ為ニ自活ノ計ヲナサヽルヘカラス決シテ自活ノ為ニ身ヲ法ニ托スルノ旧慣ヲ墨守スヘキニアラス左レハ我派内ニ生長シタル婦女子ハ唯安閑トシテイツ迄モ無産無業活路ヲ信施ニ仰クヘキニアラス

といい、寺院経済を門信徒に全面的に依存する体質を改めるために職業教育を授け、女性の自立を促進させねばならないと主張する。

ここには、護法意識がきわめて濃厚にあらわれているものの、単なるキリスト教への対抗意識からだけではなく、仏教主義女学校設置の目的が具体的に語られており、特に三点目の女性の就業奨励は注目に値する。赤松は女性の職業として、教師・保母・医業・養蚕などを挙げており、後述するように、自らが自坊に設置した徳山女学校では養蚕や紡績技術の実習も行われた。当時

は、僧侶遊民論に対抗するため、寺族が門信徒の経済援助に全面的に依存する体質を脱して自活すること（自活力食）を、教団として取り組むことが求められたこともあり、澤井洵も八七年九月に同様の主旨の評論を発表している。[18]

さらに、九〇年二月『婦人世界』（東西本願寺関係者の設立による令徳会雑誌部が発行）に、ある女性が寄稿した論説[19]では、男性と同じ実力をもつため職業に従事することの必要性を訴え、それによってのみ男尊女卑の弊風打破を達成できると述べている。確かに、職業技術を身につけて経済的に自立することが、女性地位向上のための有効な方法にはちがいないが、仏教者の女性就業奨励論の多くは、女性の地位向上というより、寺院経済の安定という目的意識に基づくものであり、このような論説はきわめてまれであった。また、女性の地位向上が語られる場合にあっても、それと仏教的立場との関連性に論及されることは少なく、前述の島地の域を出るものはなかった。

伝統的女性教化復古の潮流　仏教系世論の傾向は、欧化主義思潮の時流にのり相対的な女性の地位向上を訴えた反面、これと仏教的平等思想とを結びつける傾向は乏しく、伝統的な男尊女卑的体質の問題性を克服し得なかった。このため、一八八七年に井上外交の条約改正交渉が失敗に終わると、キリスト教への反感も手伝って急速に女権拡張論を批判する方向へと傾いていった。当時発刊されていた仏教系婦人雑誌の創刊趣旨にも、その創刊時期のずれにより若干の相違がみられる。

すなわち、八八年二月に西本願寺派の東京婦人教会が創刊した『婦人教会雑誌』では、その主旨を、

特に婦人に大切なる令徳を養成するに、仏教の主意たる因果の理法を以てして、其心源よりして極めて清潔に至らしめ婦人の位地を高め、婦人の要務を教へて坐作進退の礼儀より、小児の保育、雇人の召使方心得など迄、天晴文明の婦人たり、文明の母たらしめんと欲す

と記し、善悪因果の教説に基づく伝統的教化と文明開化にふさわしい女性の育成とが並列され、両者の矛盾は自覚されていない。ところが、同年五月、上毛婦人教育会（西本願寺派）創刊の『婦人教育雑誌』の発行趣旨では、次のように述べられている。

女子必用の徳育上に関しては西洋流必ずしも美ならさるには非れとも日本の国体に背き風俗に反するものあるときは強て之を行はんと欲して却て国粋を失ひ国風を乱り不測の大害を招くことなきを保し難し

「日本国体風俗の適合」を基準として開化・欧化主義的動向の摂取を取捨選択すべきことを主張するのである。さらに、東西本願寺の関係者設立による令徳会雑誌部が翌八九年一〇月に創刊した『婦人世界』では、

要するに我国今日の女子教育は、多く物質教育に流れ、文学、芸術、交際、音楽に長ずれば、直に以て完全の婦人となすが如く、若しはやまと女性をして、泰西《せいよう》婦人たらしめんとする傾向あるが如し、斯の如きは啻に婦人真個《まこと》の教育法たらさる而已ならず、又大に弊害あらんと

す。

といい、日本固有の精神教育に基調をおいた女子教育を重要視する立場から、欧米型の女子教育の弊害を批判している。

八九年九月『婦人教育雑誌』一七号の社説「婦人の前途」には、女性の地位向上を目指す教育と伝統的婦徳を重んずる教育との優劣が明確に論じられている。この論説は、女子教育の方針には大別して次の二方向があるとする。

　第一は女権拡張を急にすべし以て程久しく屈せる膝を伸ばして自由の天地に活動せんと、第二は反之婦人は天性稟賦全く男子に異なれば宜しく其天性のまゝを守り、内婦徳を養ひ外柔順能く人に接し、俯して子孫を育し仰で家政の局に当るこそ要用なれ余力あれば以て文を学ぶべしと、

そして、前者が「活発誤て粗暴と為る」のおそれがあるのに対し後者が卑屈になりがちであると両者の欠点を指摘した上で、「手短に云ときは寧《むしろ》粗暴不徳よりは寧《むしろ》卑屈貞操の女子あれと如何となれは卑屈貞操は人を害せず社会を傷けず粗暴にして不徳なる者は人を害し社会を傷くるも内に省処なければはなり」と論ずる。たとえ卑屈であっても、社会の安定を考えて伝統的な女子教育観の方に軍配を挙げるのである。

九〇年六月の『婦人世界』九号に載せられた投書(20)は、西洋風の女権拡張論・女風改良論の弊害を指摘しつつ、仏教が伝統的婦徳を復古して女子教育界の混乱を収拾することへの期待を表明し

ている。以後、こうした世論の後押しを受けて、仏教は伝統的教化への回帰の傾向を強めていくこととなるのである。

二　仏教女学校の創設

前述のような仏教系世論の傾向を受けて、仏教徒はどのような理念をもって女学校を設置し、いかなる教育を行ったのであろうか。以下にその状況を概観する。

徳山婦人講習会・白蓮女学校・徳山女学校　仏教者による女学校の設置は、一八八六（明治一九）年に始まる。この年、山口県徳山市徳応寺に「徳山婦人講習会」[21]と、島根県松江市に「三州学校女子部」が創設された。徳応寺は西本願寺教団の近代化推進の中心的人物であった赤松連城の自坊であり、女学校設置の中心となったのは、その娘安子と夫照幢（与謝野礼厳の次男、養子として徳応寺に入寺）であった。夫妻は、安子が京都府立女学校を第一期生として卒業した翌年の八六年に結婚し、すでにこの年の一月頃から一五歳以上の女子三〇名ほどを会員として集め「婦人会」を始めており、普通教育・宗教教育を施す計画も立てていた。この計画は間もなく徳山婦人講習会として発足したようである。

当初、修業年限は二年で学科も修身のみであったが、校名を「白蓮女学校」とする八八年一月頃には、生徒も七〇名を越えている。安子が英語以下諸礼唱歌等まで担当し、同時に附属桑田数十町を有し桑木の栽培・養蚕・紡績等の実習も行われた。また「慈善博愛の道を講じ兼て婦人の知識品位を進むる」ことを目的とした「防長婦人相愛会」が結成され、慈善・宗教教育・衛生・家政・育児法等に関する講演・討論会の開催、雑誌の発行、慈善市の実施など社会的活動が盛んに行われた。会員には、県知事婦人、尋常師範学校女子部教員、郡長婦人、県会議員令嬢など地元の名流婦人らが名を連ねている。九一年には校舎を新築し「徳山女学校」と改称、その後も発展を続け一九一六(大正五)年までの約三〇年間存続した。本校設置の動機にきわめて強い護法意識があったことは前述の照幢の論説によっても明らかであるが、当時徳山女学校の教員であり、防長相愛会発起人総代でもあった浅田さだも、「仏教徒婦人の義務」という一文を『反省会雑誌』(西本願寺普通教校反省会の機関誌として創刊、後に『中央公論』と改題)に投稿し、次のように述べている。

元来婦人は国家に直接よりも間接の関係を有するものにして、彼婦人の善悪を見て其国の盛衰を知ると云へる訳の如く婦人の任すべきことは実に多しと雖、就中宗教を信じ特に仏恩を蒙る所の婦人は、まづ慈善矯風の事業に従事せさる可らさるを信するなり。(中略)嗚呼とふとい仏陀の恩沢に浴する姉妹よ須らく学徳を勉励して、これらの事業に一身を投じながく世の鏡となりて世間の多くの婦女を感化し国家の為に尽くすべきなり。(22)

ここでは、慈善矯風活動の実践を通じて国家にとって有用な女性となることが求められており、そのことが仏恩に報ずることになるのだとされている。活発な慈善事業への取り組みは、こうした理念に基づくものであったと考えられる。照幢自身は、人格形成に宗教的信念が必要不可欠という認識をもっていたようであるが、(23)国家有用性の強調は、かえって仏教主義を前面に押し立てることを控えることとなったのではないかと考えられる。(24)地域社会に高い評価を得ながら、公立高等女学校の整備に従って、その幕を閉じたのも、公立に対する私学としての独自性を発揮しえなかったことによるのかもしれない。なお、本校は、照幢の実弟である与謝野鉄幹や、無我愛運動の伊藤証信などが一時教鞭をとっていたことでも有名である。

三州学校女子部　「三州学校女子部」(25)は、活版印刷業者で熱心な本願寺の信徒でもあった石原光璋によって一八八六年六月に始められた。三州学校は、官立学校・官仕の受験者を対象とする学校として設置されたものであるが、女子を対象に修身・礼節・図画・裁縫・音楽・家政等の学科を教授する女学部も附設していた。設置時には本願寺も支援したらしいが、仏教主義的教育が行われた様子はない。八九年八月二一日付『奇日新報』には、

真宗信徒にて聞ある石原光璋氏は山陰教学会なるものを起し会員の義捐金等を資本とし自分所有の三淵《ママ》学校を一層振起せしめ耶蘇教者の設立する英和学校を圧倒し間接に我仏教に尽す所あらんと此程教学会趣意書を印刷し資産家及各宗寺院へ頒布し専ら会員募集に尽力中なり

とあり、排耶意識が設置の一つの契機であったと見られる。しかし、女子部は八八年一二月に廃止され、学校自体も九〇年三月に閉鎖されている。

順承女学会・関西女学会・文学寮附属女学会　一八八七年には、前年に続いて、順承《じゅんしょう》女学会、

オリエンタルホール女子部、清揚《せいよう》女学校、仙巌《せんがん》学園、親和《しんな》女学校等が設置された。「順承女学会[26]」は、八七年七月真宗信徒の講社「同盟社」により、京都市下京区本願寺門前町に設置された。本会「緒言」は、設置の動機を「独り女子教育の事は已に輿論の傾向するにも関せず猶其挙行あるを聞かす憾《うらみ》たる亦甚し我輩信徒はこの最急最要なる事業を放任するに忍びず依て財資の微弱を顧みず敢て此事に従はんとす」と記している。科目は、修身・読書・算術・作文・習字・英語・和洋裁縫・編物・家政・唱歌であり、土曜日には法話会も開かれた。八八年には「関西女学会」と名を改め[27]、さらにその翌年、西本願寺設立の文学寮の附属となり「文学寮附属女学会」と改称した[28]。改称後は、文学寮の教師を招聘するなどして教育の充実を図り、将来的に完全なる学校となることを期したが、九〇年以降その存在を示す記事は見当たらない。設置当時、西本願寺派では、本山のある京都に仏教主義女学校を設置すべしという世論が高まりを見せており[29]、「緒言」からも、これら世論の傾向を意識して設置されたことがうかがえる。しかし、確固たる教育理念を有していたわけではなく、女子教育熱の急速に後退する九〇年頃には廃止されたようである。

オリエンタルホール女子部　順承女学会の設置と同じ頃、京都には「オリエンタルホール女子部[30]」が設置されている。オリエンタルホールは、著名な言語学者であるとともに熱心な仏教信者でもあった平井金三《きんざ》（後に臨済宗妙心寺にて得度し、法名を「龍華」という）の開いていた英語塾である。後に塾生が京都市に遊廓全廃の建議をしていることから[31]、平井自身にも女性解放に関する一定の認識があったのかもしれない。しかし、一八八八年九月に入学した甲斐和里子《かいわりこ》（後に京都女子学園の前身校・文中女学校を設立）が塾生のなかで女性は自分一人であったと回想しており(32)、英語塾という特殊性もあり当初から生徒は集まらなかったようである。

清揚女学校　一八八七年九月には、群馬県前橋市の西本願寺説教所（現・清光寺）に「清揚女学校(33)」が設置された。中心となったのは、当時北関東で活発な布教活動を行っていた小野島行《ぎょう》薫《くん》である。小野島は、八六年県費削減を理由に県立女学校の廃止が決まると、元県立女学校取締・芦沢鳴尾を校主として県に設置伺を提出した。伺には、設置目的を「本校ハ英ヲ主トシ且和漢普通ノ文学ヲ修メシメ傍ラ女子ニ適応スル技芸ヲ授クルモノトスル」としており、特段、仏教主義教育を行うことを表明していない。開校式において小野島は、設立主旨を次のように述べている。

欧米文明の国に於ては女子も亦男子と同じく学ぶべき科業あり入るべきの学校ありて其知識自ら男子と伯仲するか故に男子の之に接する亦従て敬礼を篤ふするに至れり吾邦に在ては則ち然らす男子は随意に官立学校に入るへし私立学校を選ぶべしと雖も女子は概ね是等の便を欠き殊に地方に在ては多くは小学以上の学力を養成する能はず只便宜の方便に依り挿花点茶裁縫絲竹等の芸術を学ぶを以て最上の課程とするもの丶如し是を以て吾邦今日の有様を通観するに男女知識の相懸隔する殆んど大人の小児に於ける如き者あるに至れり。（中略）吾前橋の如きは輦下接近の一大都会にして男女嗜好の移り易き時様流行の速かなる面目を旦夕に改むるが如し然るに一の完全なる女学校なきは余輩の最も遺憾とする所にして実に前橋の一大欠典と謂はざるへからさるなり。

設立主旨では、まずわが国の欧米諸国に対する女子教育の立ち後れを指摘する。そして、女子に対しても普通教育を施し女性の地位向上を目指そうという意図もうかがわれるものの、それが時代の流行であり乗り遅れるべきでないとする主張も見られる。結局、後者の方に力点が置かれていたことは、本校がわずか三年しか存続しえなかったことでも理解されよう。また本校の場合も、近在に前橋英和女学校というキリスト教主義の学校があった。

小野島は、設置の翌年に知事の母、県役人・裁判所長の夫人等地元の名流夫人を集めて、校内に「婦女に必要な学芸を攻究し淑徳を養成するを以て目的」とする「上毛婦人教育会[34]」を発足させた。さらに五月にはその機関誌『婦人教育雑誌』を創刊するなどして、活発な女性教化を展開している。しかし、右の女学校設立主旨の欧米型女子教育を意識した教育理念から比べると、『婦人教育雑誌』の誌面は、柔順・貞操などの婦徳を重んずる伝統的婦人像への傾斜を強めていった。

仙巌学園　仙巌学園は、新潟県長岡の実相庵庵主・中村仙巌尼（曹洞宗）の「未来を説いて衆生を済度するのみが仏徒の任務でない、現世に於て三界に家なしなどと男子の軽侮を受け常に不遇に泣ぐ女子に教育を施し学問技芸の道を教へ、兼て宗教的信仰を注入し一家の良妻となり国家の賢母となり亦信念堅固たる善女たらしめたいとの念慮[35]」により、一八八七年九月に県の認可を得て開校した。学科は裁縫を中心として修身・算術・習字・作文・唱歌などもあり、土曜日の午後には観音経と仏教唱歌の読誦も行われた。また仙厳尼は演説を重視し、生徒に対し盛んに練習をさせたという。本学園は、仏教主義を鮮明に打ち出し、また女子教育衰退期にも生徒数を減じなかった点で特異な例といえる。しかし経営は苦しく、有志の寄附や仙厳尼の托鉢などによってようやく維持されていた。しかも校舎が狭いため移転した先の家屋が売却されることとなり、九五年に閉鎖された。

親和女学校　一八八七年一〇月には神戸市の善照寺（西本願寺派）に「親和女学校」[36]が開校した。当時、善照寺には生善会という地元の豪商の門徒六〇名ほどで組織する講社があり、同会が創設費・永続費を拠出し、善照寺の住職・佐々木祐哲を校主として設置された。開設の直接の契機は、赤松連城が生善会において女子教育の必要性を説いたことにあった。阪神地方には、すでに梅花女学校・プール女学校・神戸女学院などのキリスト教主義女学校が設置されており、これへの対抗意識が大きなウエイトを占めていたようである。『校祖友國先生』には設置の際のことを次のように記している。

当時神戸には諏訪山の麓に、英和女学校（神戸女学院の前身）といふ基督教主義の女学校が一箇所あった外には女子のための中等教育の機関はどこにもなかった。（中略）かういふ際に、神戸の繁華街に、仏教主義の女学校が、生れたのであるから、かねて耶蘇主義の教育は受けさせたくないと思って居た親達には、非常に悦ばれて、善照寺の檀家で娘を持って居る程の家では大抵皆入学させた。

学科は、英学・漢学・数学・和洋式裁縫・編物・諸礼式等であり、八八年には、教師に洋婦人二名、内国人八名、生徒も百数十名に達し規模も大きくなっていった。しかし、生徒は登校の際、善照寺本堂の本尊に合掌称名し、修身では論語の講義がなされたといい、必ずしも教育の方針に仏教主義が貫かれていたわけではなく、いわば反キリスト教勢力を糾合して設置されたものと思われる。本校は、経営者側と教師側との対立により衰退し、九一年には生徒数も十数名に減少して廃止されているが、その原因の一端にこうした教育方針の不統一の表面化があったのかもしれない。九二年に至り元教師の友國晴子により再興され、当初西本願寺からの支援もあったようだが、再興後は建学の精神に仏教主義を標榜していない。なお本校は、その後も順調に発展し、大学・高校・中学校を擁する今日の親和学園に及んでいる。

広島高等女学校　一八八八年は、仏教主義女学校のピークであり、全国に一〇校ほどが開校した。まず一月には、弁護士であり県区部会副長（現在の市議会副議長）を務めていた山中正雄を校主とする「広島高等女学校」(37)が開校した。校長には県知事夫人・千田蘇茂《そも》が就任し、常議員に県書記官・区（市）長・県学務課長・県会正副議長等がなるなど、開設にあたって県行政の有力者が総動員された。八七年一二月二日に県の認可を受け、翌八六年一月一一日に開校式をあげた。設置の目的は、八六年一〇月に創設されたキリスト教主義の広島英和女学校に対抗することにあったようで、広島英和の砂山貞吉は、本校（後に山中高等女学校と改名）設置当時のことを次のように回想している。

山中さん（弁護士、県会議員）は却々女子教育にも熱心な方で、初めは自分の家に生徒を泊めて、私の方の学校（流山女学院のこと）に数人通わせて下さったものです。ところが或る時「広島の砂糖店が開かれ皆重宝して喜んで居た。元の砂糖店になって貰えまいか。」と云うのです。ところがいつの間にかそれが塩店になってしまったので、皆大変こぼして居る。ところがいつの間にかそれが塩店になってしまったので、皆大変こぼして居る。

私はどう云う意味ですかときくと、「広島に女学校が開かれたのは大変よい。皆よろこんで居たが、聖書を教えられるのが困る。それさえ止めれば、市の有志が協力援助しようと云って居る。」と云うのである。然し私の方ではこれを抜きにしては本当の教育は出来ないと信じて居るので、「御趣旨は有難いが御断りする。」と答えました。こうしたいきさつから、山中高等女学校が誕生を見ることになったのである。

山中は経営陣を県行政の有力者で固める一方、財政的には真宗門徒に援助を呼びかけている。岩崎圓了・是山恵覚《これやまえかく》ら地元の西本願寺派僧侶は、八九年一月「広島高等女学校の拡張につき広く真宗門徒の人々に告ぐ」を発表し資金の募集を呼びかけ、西本願寺派安芸門徒設立の崇徳教社を通じて年間二四〇〇円の補助金が交付されることになった。さらに九三年からは五〇〇円に増額されたが[38]、仏教主義教育がなされた形跡はなく、徐々に仏教徒との関係も薄れていったようである。本校は山中校主と松岡美知子教諭（後に校長）の献身的努力により存続したが、一九四五（昭和二〇）年に国に寄附され、広島女子高等師範学校の附属となった。

綜藝種智院　一八八八年二月には、大阪府下真言宗宝珠院の佐伯覚燈が、府下豪商等と協力して

「綜藝種智院《しゅげいしゅちいん》」(39)を設置した。八八年一月一八日付『朝日新聞』の広告によると、「本院ハ道徳ヲ本トシ女子ニ必須ナル左ノ諸学科ヲ教授ス」としており、科目には修身・読書・作文・数学・歴史・地理・経済・英学・生理・衛生・裁縫・編物・容儀・割烹・図学・音楽があり、教育内容はかなり充実していた。当時近隣に梅花女学校があり、これへの対抗意識が設置の契機となっていたようである。しかし公立高等女学校の整備等に伴い、一九〇五年頃には廃止となった。なお、本校の場合も仏教主義的な教育が行われた形跡はない。

手塚裁縫学校　一八八八年三月には、同じく大阪の北河内郡四条村（現在の大東市）専応寺（西本願寺派）に「手塚裁縫学校」(40)が開校した。同寺住職・手塚唯恩が女子の品性の失墜と手芸の退歩を嘆いて設置したものという。一九〇八年に「専応女学校」と改称し、その頃、修業年限は四年、修身・国語・数学・理科・家事等を教授していたようであるが、『大東市史』に本校のことは記されていない。また本書によれば、一九一八年に村会が近在の四条小学校に附設裁縫学校を開設していることから、この頃までに完全に閉鎖されたようである。

高陽女学会・高陽女学校　新潟県高田馬出町の「高陽女学会」(41)は、一八八八年四月に発足した。本会は、キリスト教主義の高田女学校に対抗して、各宗寺院協同（西本願寺派五〇余箇寺、東本願寺派六〇余箇寺、浄土宗四箇寺、日蓮宗二箇寺）で設置されたものである。学科は修身・英語・和漢学・数学・地理・歴史・理科・家事・図画・唱歌・体操があり、傍らに仏教の講義もなされた。当初集まった生徒数は一〇〇名余りにものぼり、その内四〇余名は寺院出身者であり、女教師として布教の一翼を担う女性を養成する目的もあった。九一年には、正式に県の認可を得て「高陽女学校」と称した。ところが九三年には会員の拠金が途絶え、両本願寺に補助金の申請をしたが受け入れられず経営難に陥った。補助金は九七年以降に支給されることとなったが、公立高女や他の私立女学校が設置されたため、一九〇八年三月に廃校となった。

相愛女学校　一八八八年六月には、西本願寺派の津村別院に「相愛女学校」[42]が開校した。大阪の僧侶信徒の発起により、当時の別院知堂（現在の輪番）であった松原深諦が校主となり開設された。設置申請書に管長・大谷光尊が添書を提出し、その妹・大谷朴子《なおこ》が校長に就任する等、宗派を挙げての協力があった点で、当時としては特異な例といえる。規則第一条には「本校は婦人に適当なる文芸を授け他日国家の美風良俗を養成するの母たるへき者を教育するを以て目的とす」とある。設置緒言では「婦女の性たる感情に深し是以て貴ふ所自ら徳行に在り苟も教育をして婦女に遍からしめは天下の美風良俗を養成するの母たること疑ふへからす、然らは則同志を勧奨し婦女の教育に従事するは吾輩宗教者の本分にして毫も躊躇する所に非す」と述べている。つまり、母性に着目し徳育を重視することで国家の美風良俗の向上に寄与し、併せて婦人に適当な文芸・技芸を教授しようというのが設置の理念であった。その後、一九〇六年に高等女学校に昇格、一九一一年には教団直轄となり、大学から中学校までを設置する相愛学園へと発展し今日に至っている。

女子文芸学舎　相愛と並んで西本願寺派の女学校として伝統のある東京の千代田女学園の前身校「女子文芸学舎」[43]は、島地黙雷・八千代夫妻により、一八八八年九月に開校した。科目には、和服裁縫・洋服裁縫・編物・挿花・点茶・和歌・英語・算術などで二年制であった。本校は、前述した島地の女子教育論を実践に移そうとしたもので、教育目的に「本舎ハ専ラ良家ノ婦女ヲシテ家事ノ経理ニ必要ナル別紙課程表ノ学科ヲ教授ス」とあるように、女性の役割としての家政に重点をおく学校であった。本校の場合も、一九〇六年に教団の直轄校となり、〇九年に千代田高等女学校への昇格を果たしている。

積徳女学校　東京ではさらに一八八八年十月、西本願寺派築地別院において「積徳女学校」[44]が開校した。府庁に申請書を提出したのは、当時別院内に寄留し『奇日新報』の編集に従事していた山本貫通（後に妙延寺住職、西本願寺派宗議会の議長などを務める）であった。山本は、かねてから初等教育の不備の是正を求める建議を行っており、当初は女子小学校を設置する予定であったが、既設の公立小学校との関係で中等教育に変更したようである。設置申請書には、目的を「速成ヲ旨トシ女子ニ適実ナル学術技芸ヲ教授シ本分ノ淑徳ヲ全クセシムル」としており、広告によると、学科も修身・読書・作文・英語・裁縫・生理・衛生・経済・習字・音楽・体操とかなり充実していた。女子文芸学舎が主に東京の「良家ノ婦女」を対象としていたのに対し、本校は、地方の寺院出身者や信徒を入学させ、卒業後は地元で女教師として活躍する人材を育成しようというのが本旨であった。そのため、寄宿舎を設ける計画もあったが、わずか一年あまりで廃止されたようである。

ところで、翌八九年四月には、東京府高等女学校が近隣の南小田原町（現在の築地六、七丁目）に開校した。この学校は東京府知事が設置を公布しながら、財政難のため府会に経費案を否決されたため、西本願寺派の財政的援助を受けて開校したものであった(45)。このことから、積徳女学校も東京府高等女学校の開校に伴って閉校されたものと推測される。西本願寺派では、東京府高等女学校に対し、設立後六、七年間ほど財政支援を行ったもののようである。その後この学校は、九六年に神田に移り、東京府立第一高等女学校となった。さらに〇三年には浅草に移転し、戦後の学制改革で都立白鷗高等学校となり、現在に至っている。

六和女学校　北海道函館では、地元の称名寺（浄土宗）・高龍寺（曹洞宗）・実行寺（日蓮宗）・常行寺（日蓮宗）・西本願寺派別院・東本願寺派別院の七箇寺で組織する「六和講」が、一八八八年一二月に「六和女学校(46)」を開校した。目的は「女子に須要なる学術技芸を授け、淑徳を涵養し善良なる婦女を養成する」としており、遺愛女学校・聖保禄《セントポール》女学校などのキリスト教主義女学校に対抗しようとする意図もあったようである。初代校長となった山本幸《こう》は、闊達な気象の婦人であったらしく、運動会で綱引きや旗取競争を行い、地元の人を驚かせたという。一九〇一（明治三四）年には、東本願寺派の単独経営に移行し、翌年に函館大谷女学校と改称され、二三年には、高等女学校へと昇格した。その後も発展を続け、現在は短大・高校・幼稚園を設置する函館大谷学園となっている。

愛和女学校　福岡県行橋の「愛和女学校(47)」も一八八八年の開設であった。当時福岡には、西本願寺の大教校を卒業した英《はなぶさ》實英《じつえい》（号「立雪」、後に慶証寺住職、軍隊布教使などを務める）が豪農・豪商に仏教主義女学校の必要性を説いて廻っていた。この計画は、行橋の資産家・玉江彦衛の出資により実現し、英は校長に就任した。しかし、早くも八九年六月頃には廃校となった。

赤間関洗心女学校　一八八九年に入っても、数校の女子教育機関が設けられている。まず八月に「赤間関洗心女学校《あかまぜきせんしん》」(48)が山口県下関に開校した。当地では前年より教法寺（西本願寺派）の住職・多田道念が女学校設置に向けて活動しており、島地黙雷も奨勧書を有力者に送るなど協力していた。(49)概則には目的を「本校ハ女子ノ理想ヲ発育シ女徳ヲ涵養スルニ必須ノ文芸技芸ヲ教授スル所トス」とし、教科目は読書・算術・英語・裁縫であった。校長には愛和女学校の英實英がなるなど、仏教者が多数関与していたようだが、この学校でも、ことさら仏教主義教育が行われた様子はない。しかも二年後には生徒もわずか九名になり廃止された。

令徳学会　佐賀市でも、願正寺（西本願寺派）に「令徳学会」(50)が発足していた。一三歳以上の婦女子を会員として英・漢・数の他、縫物・編物・唱歌が教授された。同会のことは、一八九三年発行の雑誌『伝道新誌』（西本願寺大学林の学生による真宗青年伝道会の機関誌として創刊）にも記載がある。(51)しかしその後の存在を示す資料は確認しえない。

博愛女学校　島根県浜田の「博愛女学校」(52)は大原義賢（西本願寺派真光寺住職）・緇川義淳《しがわぎじゅん》（同派光西寺）らが中心となり一八八九年四月に開校した。目的は「女子に速成を主として必須の文学・技芸を授け兼て徳性を涵養し貞婉の婦女を養成するに仏教の主義を以て」することにあった。学科は読書・算術・作文・習字・和洋服裁縫・音楽・女礼式・体操で、福岡・岡山・鳥取などからも生徒を集めていたようである。本校の設置意図にもキリスト教への対抗意識があったらしく、設置者の一人である緇川は、九一年四月、西本願寺派東京婦人教会発行の『婦人教会雑誌』に「外教は一時女子夜学校を開設せしも二ヶ月を出ざるに立消となれり」と報告している。しかし、これ以降本校の存在を示す資料は見当たらない。

高梁女学校　「高梁《たかはし》女学校」[53] は岡山県高梁町（現・高梁市）の各宗寺院十数箇寺の住職、町長、助役などが協力して、一八八九年八月に開校した。設置当時、すでに町には順正女学校というキリスト教主義女学校があり、これに対抗する意図をもって創設されたらしい。生徒は五〇余名集まったが、その内二〇余名は順正女学校から転校してきたものであった。しかし、本校のことは『高梁市史』にも記されておらず、きわめて短期間しか存続しなかったようである。

その他　上述のほか、一八八八年には、広島県で是山恵覚が、県東部中央の世羅地方に女学校の設置を計画していたようだが[54]、開設のほどは明らかでない。また西本願寺派の長野婦人教会でも少壮会員の品位を増進することを目的に、初歩的仏教学・文学・女礼・茶の湯・挿花・裁縫などが教授された[55]。八九年には姫路女教会[56]（兵庫）、吉祥《きっしょう》女学校[57]（北海道）、裁縫日進館[58]（三重）などの教育機関が設置されている。しかしこれらは、初等教育に類する学校や不定期な講習会の類であったようである。

三　仏教女学校設置の理念

公立女学校の代替的役割　仏教徒による女学校の設置状況を概観してまず指摘し得ることは、キリスト教への対抗意識である。多くの場合、近在にキリスト教主義女学校がすでにあり、これに対抗する意図をもって設置されている。その際、清揚女学校・広島高等女学校等のように、仏教徒が中心となり、あるいは積極的に関与しながら、地域の反キリスト教勢力を結集して設置されるため、まったく仏教主義的な教育がなされない場合も多かった。このことは、松方デフレ政策以降の財政難のため、公立女学校の整備にまで地方行政の手がまわらない状況にあって、仏教主義女学校がその代替的役割を果たしていたといえるであろう。

仏教主義女学校が、キリスト教へのアレルギーの強い民衆の子女に対して、教育の場を提供したことの意義は大きい。特に徳山の赤松安子、仙厳学園の中村仙厳尼、六和の山本幸など優れた女性指導者がいる学校は地域の定評もあり、生徒らも彼女らの薫陶を受けて、女性の生き方の拡がりに新たな可能性を感じたことであろう。しかし、仏教側はこれら学校に仏教的立場からの明確な指針を与えることができなかった。仏教主義を意識している場合にあっても、教科外に法話がなされる程度で、特に公表された規則・設置主旨・設置申請書などに仏教主義教育を行う旨を明記した学校はほとんどない。この点、明確にキリスト教に基づく人格形成を教育理念に掲げていたキリスト教主義女学校とは対照的である[59]。

教育理念の欠如　総じていえば、仏教徒による教育事業は、仏教主義に基づく教育的人間像を追求していくことよりも、事業主体となることによって社会的評価を獲得することに向けられてお り[60]、教育理念も時流に追随したものにならざるを得なかった。教育内容についていえば、英学を重視し開化状況に対応した普通教育を施すことを目的とした学校から、家政を中心とし伝統的婦徳を重んずるものまで幅がある。しかし、前者型の清揚・親和・積徳などでは、仏教主義教育がまったく行われた様子はなく、欧化状況が後退する一八八九年頃からきわめて早い時点で姿を消している。その他も、例えば徳山では一八九一年の学科改訂で英語が削られ[61]、綜藝種智院に至っては、九二年頃に家事と修身を重視する学校へと変貌していった[62]。

〔註〕

（1）深谷昌志『良妻賢母主義の教育』（黎明書房　一九六六年）。
（2）秋枝蕭子「『鹿鳴時代』の女子教育について」（福岡女子大学文学部『文芸と思想』二九号　一九六六年）。
（3）井上輝子「『女学』思想の形成と転回―女学雑誌社の思想的研究」（東京大学『新聞研究所紀要』一七号　一九六八年）。
（4）『仏教婦人会百五十年史』（浄土真宗本願寺派仏教婦人会総連盟　一九八二年）。
（5）仏教婦人会の結成については、赤松徹真「近代天皇制下の西本願寺教団と『婦人教会』・『女子教育』論」（『龍谷史壇』九九・一〇〇合併号　一九九二年一一月）、千野陽一著『近代婦人教育史』第二章　仏教婦人会の組織化と婦人教化活動（ドメス出版　一九七九年）等を参照。

（6）当時発行されていた仏教系婦人雑誌には次のものがある。

『婦人教会雑誌』　東京婦人教会　一八八八年二月創刊
『婦人教育雑誌』　上毛婦人教育会本部　一八八八年五月創刊
『婦人世界』　令徳会雑誌部（京都）　一八八九年一〇月創刊
『道之友』　道之友発行所（名古屋）　一八九〇年三月創刊

この他、未見ではあるが、『婦人の導』（東本願寺派函館別院内北海婦人会）、『相愛会誌』（防長婦人相愛会）、『婦人之鏡』（西本願寺派津村別院）などがあった。

（7）秋枝蕭子　前掲論文。

（8）表現は異なるが、女性は単純・感情的であり、感化されやすいので、教線拡大の手段として利用すれば有効であるといった偏見は以後も仏教側に間々みられる主張である（一八八六年一一月九日付『奇日新報』掲載「女教校の設立を望む」、他）。

（9）「婦人の自立を勧め、併せて女子教育の旺盛を望む」（『婦人教会雑誌』三号　一九八八年四月）等。

（10）澤井洵「本宗婦人諸姉ニ告ク」（一八八七年七月一・三日付『奇日新報』）。

（11）当時の仏教徒には、キリスト教の男尊女卑的傾向を指摘することや、西洋における男女同権説がキリスト教に基づくものでないことを論証することで、自己弁護を図ろうとする論説が間々みられる（藤島了穏「令女教会の講話」『婦人教会雑誌』二四号　一八九〇年一月、本多澄雲「仏耶二教に於ける婦人の地位」『婦人教会雑誌』六六・六七号　一八九三年五・六月）。

（12）島地黙雷「令女教会第七会講話」（『婦人教会雑誌』一六号　一八八九年五月）。

（13）島地黙雷「京都婦人教会に於て」（『婦人教会雑誌』四五号　一八九一年三月）。

（14）島地は、知人に宛てた書簡のなかで「婦人教育の重点は決して男女の同権抔云ふ、不都合なる御転婆に不相成候幾応も婉娩窈窕の淑徳を養成候……」と述べている（『婦人教会雑誌』七号　一八八八年八月）。

（15）「差別平等説」（『島地黙雷全集』第三巻所収）。もちろん、島地は「彼の圧制専擅人民の苦悩を問はざるが如きは是れ差別に偏して平等を知らざるもの」と述べ、為政者の圧制を平等の立場から批判をしている。しかし、これもあらかじめ貧富貴賤、支配・被支配の関係を容認した上の主張であることに注意されたい。

(16) 井上輝子　前掲論文。

(17) 蜻州道人「女子教校ヲ起スノ議」（一八八六年五月二三・二五日付『奇日新報』）。また、同年一一月七日付同紙には、「周防ナル赤松蜻州」が本山集会に提出する予定であった女子教校設置の建議書が掲載されている。蜻州が赤松照幢のペンネームであることは、照幢の漢詩集である『尚白齋詩集』（内外出版　一九三七年）巻末にある「赤松照幢略年譜」の「明治十三年　十九歳（中略）此頃蜻洲の雅号を用ひて鹿児島新聞に寄稿せることあり。」という記述によって知れる。

(18) 澤井洵「本宗婦人ノ働クヘキ時ハ果シテ今日ナリ」（一八八七年九月九・一一日付『奇日新報』）、この他、神代洞通「女学校創立の必要を論じ併せて諸姉に望む所あり」（一八八八年一月一九・二一・二三日付『奇日新報』）にも同様の主張はみられる。自活力食については、当時の執行長（現在の総長）であった利井明朗が奨励を告諭している（一八八六年二月一七・一九・二一・二三日付『奇日新報』）。

(19) 茗渓女史「男尊女卑の弊風を打破する鉄槌は何ぞや」（『婦人世界』五号　一八九〇年二月）。婦人世界の発行元・令徳会雑誌部は西本願寺門前にあり、赤松連城・島地黙雷・徳永（清沢）満之らが賛助員として名を連ねている（『反省会雑誌』二一号　一八八九年八月）。

(20) 天外散士「明治の婦人世界に於ける仏教の婦人世界」（『婦人世界』九号　一八九〇年六月）。

(21) 徳山婦人講習会（後に白蓮女学校・徳山女学校）については、一八八六年三月九日付『奇日新報』、『反省会雑誌』二号（一八八八年一月）、および『婦人教会雑誌』六号（一八八八年七月）などの当時の新聞雑誌の記事、ならびに『山口県教育史』下巻（一九二五年）、平塚益徳編『人物を中心とした女子教育』（帝国地方行政学会　一九六五年）、『山口県立徳山高等学校百年史』（一九八五年）などの記載によった。また、安子の人となりについては、一九一三年二月一一・一七・一八・二一日付『中外日報』連載の「隠れたる女子教育家（故赤松安子夫人の事ども）」にも紹介されている。

(22) 浅田さだ「仏教徒婦人の義務」（『反省会雑誌』第五年一〇号　一八九〇年十月）。

(23) 赤松照幢「無声の声」（『防長教育』四五〜四七号　一九〇五年二月）。

(24) 平塚益徳編『人物を中心とした女子教育』は、「この学校は仏教主義の学校でありながらほとんど宗教的色合いのない学校であった」としている。
(25) 三州学校については、一八八六年四月一二日付『山陰新聞』、『島根県近代教育史』第一巻および第三巻（一九七八年）等を参照。
(26) 順承女学会の設置については、一八八七年六月二八日付『日出新聞』に広告が掲載されている他、一八八七年六月二五・二九日付『奇日新報』に詳細な記事がある。
(27) 一八八八年五月一五日付『奇日新報』。
(28)『婦人教会雑誌』一六号（一八八九年五月）、一八八九年四月一日付『奇日新報』、一八八九年一〇月三日付『奇日新報』、『反省会雑誌』一四号（一八八九年一月）。
(29) 一八八七年二月以降、西本願寺派系の『奇日新報』には頻繁に仏教主義女学校の設置を求める投書・社説が掲載されており、関西の一般新聞にも本願寺が女学校設置を計画中であるとの誤報がなされた（一八八七年二月一・一五・一七・一九日付『奇日新報』、同年一月二一日付『日出新聞』）。
(30) オリエンタルホール女子部については、一八八七年七月一八日付『明教新誌』に記事があり、一八八七年一二月二日付『日出新聞』などに広告がある。なお、平井金三については、常光浩然『日本佛教渡米史』（佛教出版局　一九六四年）にその略歴が紹介されており、オリエンタルホールの学則・学科表は、一八八七年三月一四日付『日本宗教新聞』に記載されている。
(31) 一八八九年二月七日付『日出新聞』。
(32) 京都女子学園『五十年史』（一九六〇年）。
(33) 清揚女学校については、『群馬県史』通史編九に詳細な記述がある。また、設置申請書が『前橋市教育史』上巻（一九八六年）に掲載されており、当時の記録としては、一八八七年九月一七日付『奇日新報』の記事が詳しい。なお、小野島の経歴については、韮塚一三郎『関東を拓く二人の賢者―揖取素彦と小野島行薫』（さきたま出版会　一九八七年）を参照。
(34) 上毛教育婦人会については、『婦人教育雑誌』一号（一八八八年五月）に詳しい。小野島は同会に先立ち八七年より前橋婦人談話会を組織していた（一八八七年一月八日付『明教新誌』、同年一月　四日付『日本宗教新聞』）。

(35)『長岡教育史料』（北越新報社　一九一七年）。この他、同校のことは一八九二年三月一四日付『明教新誌』にも記事がある。

(36) 親和女学校については、親和高等女学校『創立五十年史』（一九三七年）、親和高等女学校汲温会『校祖友國先生』（一九三七年）、『神戸区教育史』、『神戸開港三十年史』下巻等の記述の他、一八八七年八月一九日付『奇日新報』、『婦人教会雑誌』六号（一八八八年七月）等の当時の新聞・雑誌によった。

(37) 広島高等女学校については、『広島県史』近代Ⅰ（一九八〇年）、『広島大学二十五年史』包括校史（一九七七年）、広島県教育委員会事務局調査課『広島県教育八十年誌』（一九五四年）、田島教恵『淑女鑑』（一九一四年）、および『婦人教会雑誌』一四号（一八八九年三月）の記述によった。なお、山中の略歴については、一九〇一年二月四日付『婦女新聞』を参照されたい。

(38)『女学雑誌』三五七号（一八九三年一一月一一日）。

(39) 綜藝種智院については、『婦人教会雑誌』一号（一八八八年二月）の他、堀田暁生「大阪開化自由亭物語」（『大阪人』一九八八年六月）、『新修大阪市史』第五巻（一九九一年）、『大阪市西区史』第三巻（一九七九年）にも記述がある。これらによれば、本院は八八年以前にも、昼間は女学校、夜間は男子校として開校していたらしい。閉校に至る経過については、一九〇八年四月二〇日付『中外日報』に「綜藝種智院の懐旧」と題する佐伯覚燈の回想が掲載されている。

(40) 手塚裁縫学校については、『教海一瀾』四三一号（一九〇八年九月五日）、『大東市史』近現代編（一九八〇年）を参照。

(41) 高陽女学会については、『高田市史』（一九五八年）の他、『婦人教会雑誌』第五号（一八八八年六月）、一八八八年六月五日付『奇日新報』、『令知会雑誌』四八号（一八八八年三月）、一八九八年五月一九日付『教学報知』等によった。

(42) 相愛女学校については、一八八八年四月七日、六月一七・二五日付『奇日新報』、『婦人教会雑誌』六・七号（一八八八年七・八月）、同誌 四〇号（一八九一年五月）、『相愛学園七十年の歩み』（一九五八年）、『増補津村別院誌』（一九二六年）等の記述によった。
(43) 女子文芸舎については、『千代田女学園の歴史』史料編 第一巻（一九九四年）を参照。
(44) 積徳女学校については、「理事彙輯」（明治一八年）、「願伺届録私立小学校」（明治二一年）、「願伺届録各種学校」（明治二一年）（以上、東京都立公文書館所蔵）、『婦人教会雑誌』七〜九号（一八八八年八〜一〇月）、一八八八年一月一六日付『明教新誌』掲載の広告、『築地別院史』（一九三七年）等によった。
(45) 『教育報知』二九七号（一八九二年一月）、上原芳太郎『光顔院籌子夫人』三〇九〜四〇〇頁（興教書院一九三五年）。なお、東京府高等女学校は、九三年頃に西本願寺派へ経営を移管する計画もあったようである。（一八九二年三月四・一一日、五月一六日、六月一〇・二八・三〇日付、一八九三年一月二〇日、二月二〇・二六日付『明教新誌』）。
(46) 六和女学校については、函館大谷学園『創立百年誌』（一九八八年）、『令知会雑誌』五八号（一八八九年一月）、『反省会雑誌』一四号（一八八九年一月）を参照。
(47) 玉江彦太郎「豊前・行事飴屋の終焉」（『西日本文化』二九四号 一九九三年八月）、『明治二一年福岡県学事年報』。上述の資料には愛和女学校と仏教との関係についての記述はないが、『反省会雑誌』一三号（一八八八年一二月）は、愛和を仏教系女学校としている。なお、英實英の経歴については、井上泰岳編『現代佛教家人名辞典』（一九一七年）を参照。
(48) 赤間関洗心女学校については、『山口県教育史』下巻、伊藤房太郎『関の町誌』上（一九三九年）、『赤間関協和会雑誌』一号（一八八九年一一月）、『青年之標準』四号（一八九〇年四月）等を参照。
(49) 前掲註（14）参照。
(50) 『佐賀県教育史』第四巻、一八八九年二月七日・三月一四日付『佐賀新聞』。
(51) 『伝道新誌』六年三号（一八九三年三月）。
(52) 『婦人教会雑誌』一九号（一八八九年八月）、同誌 三九号（一八九一年四月）、『婦人世界』六号（一八九〇年三月）。

(53)『婦人教会雑誌』二二号（一八八九年一一月）、一八八九年一一月二〇日付『明教新誌』、一八八九年一〇月二一日付『奇日新報』、および『高梁市史』（一八七九年）。
(54)『反省会雑誌』二号（一八八八年一月）。また三重県の西本願寺派僧侶養成学校「五瀬教校」にも、附属女学校を設置する計画があったようである（一八八七年三月一九日付『奇日新報』）。
(55)『婦人教会雑誌』二〇号（一八八九年九月）。
(56)姫路女教会は、東西本願寺派の有志により、一八八九年三月、日曜日ごとに点茶・生花・毛糸・織物・押絵細工を教える講習会として発足した（『婦人教会雑誌』二八号　一八九〇年五月）。ところが　翌年には東本願寺派が姫路城北女教会を別置し分裂している（『姫路城北女教会雑誌』二号　一八九〇年七月）。一方この頃、西本願寺派の姫路女教会の講習生は一〇〇名ほどになっていたようだが、その後のことは不明である（光蓮寺『おしへ草（姫路女教会々誌）』一号　一八九〇年一〇月）。
(57)吉祥女学校は、六和講を脱会した高龍寺住職により設置されており、小学校程度の学校であったようである（一八八九年六月一二日付『明教新誌』、『函館区史』他）。一八九四年当時、生徒は四〇〇名にも達していた（『女学雑誌』三八八号　一八九四年六月九日）。一八九九年に校舎を焼失し、その後再建されたようであるが廃止年月日は不明である。
(58)裁縫日進館は、三重県四日市市の真教寺（西本願寺派）に開設された。一九三六年発行の『本願寺派社会事業便覧』によると、その当時、裁縫のみを教える私塾であったが、創立当時のことは不明である。
(59)キリスト教主義女学校のなかには、八五年の同志社女学校・頌栄女学校、九三年の弘前女学校など、設置申請書の類に、キリスト教主義教育を行う旨を記して地方官より訂正を命ぜられた例が数多く存する（東京都公文書館編『東京の女子教育』（都史紀要九）一九六一年、『同志社女子部の百年』一九七八年、『弘前市教育史』一九七五年）。また八七年頃、普連土女学校・桜井女学校などは公式に聖書を教授していたという（東京都公文書館編前掲書）。これに対し、公文書類に仏教主義教育を行う旨を明記した事例は、奈良市の崇徳女学校を見出すのみである（『文部省例類纂』第三巻　二四三〜二四四頁　一九八七年に大空社より復刊）。
(60)拙稿「教育勅語成立直前の徳育論争と仏教徒『貧児教育』」（『龍谷史壇』一〇五号　一九九六年一月）。

(61) 平塚益徳編　前掲書。
(62) 一八八八年一月一八日付『朝日新聞』の広告と、一八九二年一二月の同校成績表（本資料は、西成孝子氏の所蔵で大阪府立中之島図書館に寄託されている）との比較による。

第二章　国粋主義台頭による女子教育の衰退（90～93年）

一八九〇（明治二三）年から数年間は「欧化」風潮の反動により女子教育が低迷した時代である。仏教系の新聞・雑誌は、国粋主義台頭に乗じてキリスト教批判に気炎をあげるが、これにより、仏教者の間に芽生えつつあった伝統的女性蔑視観に対する見直しのわずかな気運さえ後退していった。二〇校ほどあった女学校も半数以上が廃校に追い込まれ、新設の学校もほとんど見出し得ない。

一　「欧化」反動の世論

女子教育衰退の背景　一八八九年六月、東京高等女学校教頭能勢栄は、同校の生徒に対し、「教育ある女子にして完全なる夫婦併立の生活を遂げんとするは如何なる男に嫁すべきか」という題の講話を行った。その趣旨は、どの職業も一長一短があるのだから、その種類にとらわれず人物本位で婚姻の相手を選ぶべきだという点にあり、内容は当時の雑誌にも掲載された(1)。しかし、打算的見地からさまざまの職業を比較検討したことが反感を買い、これを契機として新聞各社は、女学校の風紀の乱れを挙って書き立てた(2)。同年には大隈外相の条約改正交渉の失敗もあり、女子教育熱を煽った欧化主義的思潮は後退しはじめる。すでに初等教育の就学率も、松方デフレ政策による農村の疲弊に伴い、八三年をピークに下降に転じていた。こうした状況のなか、女学校は現実離れした奢侈な存在として、世論の非難の的となっていった。

国粋主義的女子教育論　急速に欧化主義が退潮するなか、一八九〇年には教育勅語が発布され、翌年一月には、いわゆる「内村鑑三不敬事件」が起こった。さらに九二年暮れには、教育勅語の公式解説書を著した帝国大学教授井上哲次郎が、キリスト教は教育勅語の趣旨に反するとの談話を発表し、「教育と宗教」第一次論争が開始された(3)。論争には仏教者も多く加わり、国粋主義者のキリスト教批判が激化するなか、これに同調して仏教の復権を試みた。なかでも、キリスト教の女子教育は批判の格好の標的であった。

すでに一八九〇年五月、六和女学校の教員であった本多澄雲は「国家的観念に付仏教主義と耶蘇教主義の女子教育と何れが最も利益あるか」との問題提起をなし、次のように述べている。

仏教女学校と国粋保存論者とは親類と曰ふ訳でもあるまいが、仏教は千年以上我国に行はれ、数多の風俗に深き関係を有しておるから、仏教主義を以て婦人を教育すれば自ら国粋は保存せらるゝの道理であります。又国粋保存論者も国粋を保存せんと欲せば吾国の数多の風俗を生み出せる母たる仏教を拡張せねばならんことは自然の理勢でありませう。[4]
そしてキリスト教主義教育については「西洋を賞賛し我国を貶斥する」点で国家に大害を及ぼすものであると断じている。

この時期、仏教主義女学校の設立を望む議論はかえって盛んなものがあり、次に掲げるように、九一年後半から一年半の間に数多くの論説が発表されている。

重ねて宗教弘通に女学校の必要を論じ併せて其実力ある実証を挙げて勧む
（『婦人教会雑誌』第四一号　一八九一年六月）

女子の教育を論じ併せて女学校の設立を望む（『能仁新報』　一八九一年八月六日）

教門女学設立の必要（『明教新誌』　一八九二年二月一二～一八日）

女子教化の急務を論ず（『浄土教報』第九九号　一八九一年二月一五日）

仏教家は何故に女学校を設立せざるや　井上円了
（『婦人教会雑誌』第五〇号　一八九一年三月）

女教師の養成を必要となす　藤田祐真
（『三宝叢誌』第九六号　一八九一年三月）

婦女に布教を分担せしむべし　禿　了教
（『婦人雑誌』第五三号　一八九二年六月）

仏教慈善女学校の緊急の設立を望む　禿　了教

仏教女子師範学校　（『婦人雑誌』第五六号　一八九二年九月）
京都婦人教会臨時大演説大意　（『明教新誌』　一八九二年六月一四日）
禿　了教（『婦人雑誌』第五六・五七・五九号　一八九二年九・一〇・一二月）

これら論説は、女学校設立を通じて教線を拡大しようとする目的意識が鮮明に語られ、キリスト教主義女子教育に対しては、先の本多の主張と同様、国粋主義的な観点から「愛国の衷情を薄弱せしむるの患ある」とか、「忠孝貞良の心を損するもの」といった批判が加えられている。このため教育方針には仏教主義的徳育を教授すべきことが強調されるのだが、仏教主義教育がいかなる内実を有するのかという点には論及されない。キリスト教より日本社会・文化と融合をとげた仏教によって女子を教育した方が国家にとって有益という論調が感情的に繰り返される結果となっている。このため具体的な設置計画論は見出せず、仏教女学校必要論自体も、九三年に入り「教育と宗教」第一次論争が沈静化に向かうにしたがって立ち消えていった。

二　女子教育衰退期の仏教女学校

一八九〇（明治二三）年から九三年頃にかけては、「欧化」傾向の反動から多くの既設女学校が閉鎖されている。仏教者設立の女学校も「二三の女学校を除く外、萎靡として振はず、其甚だしきは設立未だ一周年ならずして、早や廃校するが如き不面目のものもあり[5]」という状況にあり、設置をみたのは次に掲げる数校に過ぎない。

修善女学校　一八九〇年に入ると、女学校の新設はほとんど見られなくなる。そうしたなか二月に、山口県萩の西本願寺派別院において「修善女学校[6]」が開校した。萩では八八年九月頃から同派の泉福寺・光源寺によって婦人講が始められ、会員に説教・法話・読書・裁縫・生花・茶道などを教授していた。本校はこの事業が発展したもののようである。一方、婦人講も九三年に別院内に移され萩婦人会と称した。毛利公爵夫人を会長に迎え、九六年当時、会員は五〇〇名を超えていた。しかし、この年に学校は経費の都合で休校するをやむなきに至っている。一九〇三年になって「萩婦人会裁縫場」と称して再興され、同年一一月には「萩婦人会修善女学校」と改称した。その後高等女学校への昇格を果たし、戦後の学制改革で高等学校となったが、一九五二年に財政難に陥り、経営をカトリックメルセス会に譲渡した。

淑徳女学校　一八九二年九月、東京に開校した「淑徳女学校」設置の中心となったのは、浄土宗感応寺の住職・輪島聞声尼《もんじょうに》であった。聞声尼は、前年の九月一七日浄土宗務所に宛てて、普通女学校設立願を提出している。そこでは、

殊に異教者の手に教育せらるゝものを見るに大に嫌悪すべきものあり。然るに近時仏門の徒にして婦女を教育するものあるを聞かず。慨すべきの至りなり。是れ本校を設立し女子の淑徳を養成して以て吾が教旨の美果を見んと欲する所以なり。因て本校に於ては専ら徳行の教

員を招聘し、且其教科書及び管理方法の如き充分の吟味を尽し、静淑の徳を養成するに於て
欠くる所なきを期す[7]。

と述べ、キリスト教主義教育への強い反感を吐露している。設立許可を得た聞声尼は、資産家であった実家より資金援助を受けるとともに[8]、野澤俊冏《しゅんげい》（伝通院住職）・茅根学順（真球院住職）と相談して、小石川伝通院内に校舎を新築した。正科（三年）・別科（二年）の二種をおき、正科の教科目は修身・読書・習字・算術・家政・裁縫であった[9]。しかし当初の生徒は一一、二名に過ぎず、学校経営は窮乏をきわめたようである。

この学校は、一九〇三年に至って浄土宗の直轄校となり、さらに三年後に高等女学校に昇格して、淑徳高等女学校となった。戦後、戦災から復興するにあたって二校に分離し、それぞれ淑徳学園中・高等学校を設置する淑徳学園と、淑徳大学のほか高中小幼を設置する大乗淑徳学園に発展して今日に至っている。

京華看病婦学校　仏教者による看護婦養成の学校は日清戦争後に数校が設立されているが、その嚆矢は「京華看病婦学校[10]」である。大日本仏教法話会の事業として京都市麩屋町三条上ルに開校したのが一八九三年五月であった。大日本仏教法話会は、東西本願寺派の僧俗によって、八九年に組織されたものであるが、会長には東本願寺派法主の一族の大谷勝道がなり、設置後に法主夫人から寄付金が寄せられるなど[11]、東本願寺との結びつきが強かったようである。実際の経営に当たったのも、同派泉徳寺の橋川恵順《えじゅん》であった。橋川は設置の翌年に慈善家有志の義捐金を集める

べく悲田会を結成し経営の基盤を固め[12]、九八年には校主として、府に中京区姉小路堺町西入ルへの移転届を提出している[13]。附属病室を設けて事情のある病人には無料で治療施薬を行い[14]、東本願寺や各地に臨時の出張所を設置し救療活動を実施するなど[15]、活発な慈善活動も展開した。設置の動機には、同志社経営の看病婦学校への対抗意識があった[16]。また九一年一〇月に起こった濃尾大地震でのキリスト教側の医療救護活動に対し、仏教側は危機感を募らせており[17]、これの影響もあったと考えられる。九一年一一月、大阪にこの地震での罹災女児を収容するために設置された慈恵女学院でも、九三年頃、附属看病婦養成所を付設する計画があった[18]。

その他　一八九〇年には佐賀市に「学芸舎[19]」が開校した。設立者の久米鹿之助は熱心な真宗信者で小学校の教員でもあった。学科は学術・裁縫の二科目で、日曜日ごとに仏教主義の薫化が施されたというが、詳しい内容は伝わっていない。同年奈良市にも、仏教主義教育を施すことを目的とした「崇徳女学校[20]」が開設したが、この学校は小学校に類する各種学校であった。九二年頃、西本願寺派でも「本願寺女学校[21]」設立が企図されていた。この年の一〇月に開かれた同派集会（現在の宗会）にも計画は付議されているが、否決され実現しなかったようである。九二年には、福岡県に「三池有明女学校[22]」が設置された。設置主体は西本願寺大牟田別院にあった知恩社という講社である。官府の認許を得たというが、二、三の当時の雑誌記事以外にその存在を確認できる資料を見出し得ない。

【註】

(1)『国のもとゐ』一巻三号（一八八九年六月）。

(2)例えば、東京日々新聞は、一八八九年六月一一日付で、能勢に対する批判の投書を掲載したのを初めとして、連日女学校の醜聞に関する記事・投書を載せている。また、郵便報知新聞でも、同年六月二一日付でこの問題をとりあげており、同年六月一四・一五日付『日本』も「女子教育家の注意を望む」という社説を載せている。

(3)久木幸男「『教育と宗教』第一次論争」（『日本教育論争史録』第一巻 第一法規 一九八〇年）、吉田久一『日本近代仏教史研究』（吉川弘文館　一九五九年）を参照。

(4)本多澄雲「耶蘇教主義の女子教育」（『婦人手引草』所収　一九〇一年）。

(5)「重ねて宗教弘通に女学校の必要を論じ併せて其実力あるの実証を挙て勧む」（『婦人教会雑誌』四一号　一八九一年六月）。

(6)修善女学校については、『婦人教会雑誌』一〇号（一八八九年一一月）、『山口県教育史』下巻、『萩乃百年―明治維新以後のあゆみ』（一九六六年）などを参照。

(7)『淑徳五十年』（淑徳高等女学校　一九四二年）。

(8)一八九二年八月二・二〇日付『明教新誌』、『婦人雑誌』五六号（一八九二年九月）。

(9)一八九二年一月五日付『浄土教報』、同年一月一〇日付『明教新誌』。

(10)英立雪「京華看病婦学校小歴史」（『婦人雑誌』九六・九七号　一八九六年二・三月）、『道之友』四〇号（一八九三年六月）、『日本一』一五号（一八九三年六月）等。同養成所のことは、一九三七年刊行の『京都市学区大観』にも記されており、この頃までは存在していたようである。

(11)『婦人雑誌』七九号（一八九四年八月）。

(12)一八九四年八月二日付『明教新誌』。

(13)「明治三一年　私立学校一件」（京都府総合資料館所蔵）。

(14)一九〇〇年六月三日付『教学報知』における第六期看病婦生徒募集広告。

(15) 一八九八年四月二二日付『教学報知』。
(16) 前掲註(10)「京華看病婦学校小歴史」参照。
(17)「仏教者の看病婦を養成すべし」(『婦人教会雑誌』四七号　一八九一年一二月)。
(18)『法の雨』四八号(一八九一年一二月)、『婦人教会雑誌』四八号(一八九二年一月)、『日本一』一五号(一八九三年六月)、『婦人雑誌』七〇号(一八九三年九月)等を参照。
(19) 学芸舎については、『婦人教会雑誌』三三号(一八九〇年一〇月)、一八九〇年九月一一日付『明教新誌』、『兵庫町史』を参照。
(20) 崇徳女学校は、『奈良県統計書』により一八九〇年から九三年まで存続していたことが確認できる。また、九三年には仏教主義に基づく教育を行う旨を明記した教則を奈良県が文部省に開申し、訂正を命ぜられている(『文部省例類纂』第三巻　二四三〜三四四頁　一九八七年に大空社より復刊)。
(21)『婦人雑誌』五二号(一八九二年四月)、『本願寺宗会百年史』資料編下　一六〇頁(一九八一年)を参照。
(22)『伝道新誌』六年一二号(一八九三年一二月)、同誌　七年四号(一八九四年四月)。また一九〇四年九月二九日付『中外日報』が知恩教社内における「婦人会附属女子技芸練習場」の設置を報じており、同社では断続的に女子教育が行われたようである。

第三章　女子教育制度の整備と仏教側の対応（94～03年）

一八九五（明治二八）年から一九〇三年までは、日清・日露戦争の狭間の時期にあたる。この間、低迷していた女子の初等教育就学率は、九四年に四割を超えて以後急速に上昇を続け、〇三年にほぼ九割に達した。一方、日清戦争後の世論も、初めての対外戦争の経験をふまえ、国力の増強には女子教育が必要であるという論調に向かいつつあった。これを受けて、政府の側も女子中等教育についての法整備に着手し、九五年に高等女学校規程が制定、次いで九九年には高等女学校令が発布される。そして〇三年までには、ほとんどの府県で公立の高等女学校が設置され、女子中等教育も公立学校を正系とする教育体制に組み込まれていった。政府が公立高等女学校の整備を急いだ背景の一つには、条約改正により内地雑居が実施されると、外国人が居留地以外にも自由に出入りし、キリスト教者の学校設立運動が一層活発化するのではないかという懸念があった。このため高等女学校令発布に際しては、同時にいわゆる「宗教教育禁止訓令」も公布されたのである。仏教側はその意図に同調しつつ、一層天皇制国家への迎合的姿勢を強めていった。

一　女性職分論の定着

良妻賢母主義の鼓吹　女子中等教育制度の整備に伴い、その指導理念として盛んに鼓吹されたのは所謂「良妻賢母主義」であった。そこでは「国家的な視野を持ちながら、家庭の中で本分をつくす女性」[1]が理想像として素描されていたけれども、その理念が直ちに民衆の意識をとらえたわけではなかった。女性としての役割を全うすることが国家繁栄の貢献に結びつけて実感されるには、日露戦争という総力戦を体験する必要があったし、またその体験を通じて高揚する参与意識が女性解放のエネルギーへと昇華する可能性を強固に押し止め、天皇制支配に内縛していくには家族国家観の確立を待たねばならなかった。[2]それゆえ当時の良妻賢母論が、「男は仕事、女は家庭」という性別意識を一層固定化する面で果たした役割の大きさは無視し得ないものの、女子教育を天皇制支配体制維持の手段として積極的に活用していくためのビジョンは、いまだ成熟してはいなかった。

一九〇二（明治三五）年開催の全国高等女学校長会議において、菊地文相は、良妻賢母が一般民衆の望む理想として大方の承認を得ていることを強調しつつ、「能ク家庭ノ希望ヲ聞キ又学校ノ趣意ヲ能ク家庭ニ分ル様ニシテ、互ニ連絡ヲ付ケテ行クト云フコトヲ力メナケレバナラナイ」[3]と述べた。訓示からは性役割の固定化を促そうとする姿勢とともに、女子中等教育の普及を図るため民衆の欲求との隔絶を出来る限り避けようとする配慮もうかがえる。これに対して〇八年の同会議では、小松原文相が次のように訓示している。

我国ハ明治三十七八年ニ於テ古今未曾有ノ大戦ヲ経今ヤ国運勃興ノ秋ニ際シ女子教育ノ必要更ニ重キヲ加フルモノアリ殊ニ家族制度ヲ以テ成レル我国ニ於テハ女子ノ為メニ我国情ニ適切ナル教育ヲ施シ以テ健全ナル家庭ノ発達ヲ企図スルハ最モ重要ナリトス（中略）夫レ社会道徳ノ維持ハ女子ノ力ニ負フ所尠カラス殊ニ我国ノ女子ハ古来最モ婦徳ヲ重ンシ武士道ノ如キモ其一半ハ女子ニ由テ保持セラレタリシナリ然ルニ近時一部社会ノ風紀漸ク弛緩シ動モスレハ青年女子ノ間ニモ奢侈柔情ノ風ヲ生シ往々克己修養ヲ努メスシテ徒ニ虚栄ニ馳セ我国古来ノ美風将ニ頽廃セントスルモノアルハ本大臣ノ深ク憂慮ニ堪ヘサル所ナリ、[4]

ここには、国体護持のために伝統的婦徳を是非とも保存しなければならないとする強硬な立場が明確に示されている。

両者の訓示を比較するとき、日露戦前における天皇制国家の関心事が、女子教育のヘゲモニーをキリスト教から奪い返し、[5]ひとまず公立高等女学校を定着させることに向けられており、民意に対する反動性はさほど顕在化するには至っていないことが理解されよう。

仏教女性教化の体制志向　内地雑居に伴うキリスト教の教線拡大に対する危機感から、仏教の公認教化を求める運動[6]へと突き進んだ仏教側は、国家の歓心を買うため従来にも増して天皇制支配の論理を内面化していった。女性教化においても、国家の推進する性役割の固定化に同調しつつ、さらに女性を国家目的の遂行に誘導していこうとする傾向も見られた。例えば、一八九九年に西本願寺派の布教師本多周山は、製糸所での「工女教誨」で、「皆様は、元来の持前を磨きて、男子と共に力を併せて、大いに御国の為に尽す覚悟をして戴きたい」(7)と説諭し、女性としての職分を全うすることを通じて国家に奉仕することを求めている。この時期の仏教者の主張には、

両性の間には其体軀に強弱大小の差あり、其職分に不同ありと雖も、是決して女性を以て男子の下位に立たしむる所以の者に非ずして却て両々其天稟の職分を尽くすに適せしめんが為なる。(8)

という論理によって、男女差別を職分の相違に摩り替え、性差別状況を追認していく論調が目立つ。もちろん、こうした性別職分論は鹿鳴館期の島地黙雷にすでにみられた傾向ではあるが、女性の地位向上に関する側面が著しく後退している点に特徴がある。

また赤松連城は、九八年、築地別院婦人教会において次のように講話している。

総て仏教者は仏法の上から王法に心を寄せ、即ち出世間の上から世間法に及ぼして、男子は男子、女子は女子の職分に励みて、片時も忠君愛国の義務を忘れず、所謂仏法を以て王法を崇め、王法を以て仏法を護ると云へる覚悟を以て、王法仏法相互の関係を益々親密ならしめ、鳥の双翼車の両輪と同じくどこまでも相離れぬ様に心掛て貫はねばなりません。(9)

この赤松の講話では、男女職分論の強調に加えて体制化した仏教護国論が援用されており、良妻賢母を天皇制支配に従順な存在へと善導していこうとする意図が明確に示されている。

二　仏教女学校の復興

仏教女学校は一八九〇年代に入ると衰退を続け、特に九四、五年には一校の設立も確認しえない。しかし女子の初等教育就業率の向上につれ、九〇年代後半からは徐々に設置され始め、日清・日露戦間の約一〇年間に一〇数校が開校した。以下にその状況を概観する。

愛敬女学校　東京赤坂の「愛敬《あいけい》女学校」は圓通寺住職中里日勝の発意により一八九六（明治二九）年二月一日に始業した。[10] 中里は日蓮宗大檀林を卒業後、私塾や英国人について英語を学び海外留学を志していた。しかし、師僧が死去し圓通寺住職を継職したため目的を果たせず、そのための費用を投じ女学校を設立することを企図したという。[11] 同校の設立願は、九五年八月一九日付で東京府に提出された。[12] それによれば、小学尋常科卒業者対象の本科（修業年限三カ年）と生徒の希望により一科または数科を修業する撰科（修業年限二カ年）があり、設置目的を「本校ハ女子ニ須要ナル高等普通ノ教育及技芸ヲ授ケ貞淑ノ美風ヲ薫陶スルヲ目的トス」としている。課程表を見ると、本科の科目には修身・国語・漢文・習字・数学・地理・歴史・家事・手芸・音楽があるが、そのうち家事と手芸が全体の時間数の三〇%以上も占めている。これは、同年制定の高等女学校規程が二四・四%であるのに比べると、きわめて高い比率であった。九六年一月八日付の仏教系新聞『明教新誌』に掲載された広告には「得要は女子固有の美徳を養成するに在り」とあり、開校式に臨んだ生徒三八名の総代も、祝詞で「勅語の大御旨に従ひ奉りてます〳〵学の道をはげみ朝な夕なに其行をつゝしみ女子の道にたかはぬやういそしみつとめて」と述べている。一九〇二年同窓会発行の『ともがき』第一輯では、当時の校長・下田義天類が、

本校は女子の学者を製造すべき所にあらずまた女子の技術者を養成すべき所にもあらず。日本風の淑女を造りて帝国今後の半面を維持せしめむとするにあり。言を代へてこれをいへば一家の細君として日本男児の鴻業を内助翼讃せしめんとするにあり。

といい、伝統的婦徳に基調をおいた教育方針を表明していた。

本校において実際に仏教主義的な教育が行われたことを示す資料を見出すことはできないが、一八九〇年代後半には、女子文芸学舎・淑徳と並んで、東京における仏教者設立の女学校として先駆的役割を担った。ところが二〇世紀に入ると、都市部においては多くの女子教育機関の設置が進み、競争に耐え得なくなっていったようである。とりわけ仏教女学校の場合、充実した教育内容を有する公立高等女学校・キリスト教主義学校と、優れた技術を授ける裁縫学校との狭間のなかで独自性を発揮し得ず、伝統的婦徳の強調では生徒を確保し得なかった。そこで、こうした過当競争から生き残るため、いくつかの仏教女学校では仏教教団の強力なバックアップを受けて経営の安定を図り、高等女学校へ「昇格」する方向を採った。淑徳の場合は一九〇二年に浄土宗に経営を移管し、〇六年に高等女学校へ昇格している。女子文芸学舎も〇七年に西本願寺派に経営を移管し、〇九年に千代田高等女学校として認可を受けている(13)。愛敬の場合はこうした道をと

らず、前述の『ともがき』によれば、家事教授の充実に再建の方向性を求めたようであるが、劣勢を挽回できず〇三年には廃止となった[14]。直接には、同年三月に同じ赤坂に開校した山脇高等女学校の影響が大きかったものと思われる。

本願寺看護婦養成所　「本願寺看護婦養成所」は、西本願寺が一八九六年度集会における議案「看護婦養成所設立予算案」の可決を受けて蓮如四〇〇回忌記念事業の一環として設立に着手したものである[15]。設置には東本願寺の京華看病婦学校と同様、同志社設立の看病婦学校に対抗する意図があった[16]。予算案では創業費として一五〇〇円、年間経費として一七一八円を計上しており、翌年三月に看護婦養成所規則を発布し生徒を募集したにもかかわらず[17]、なかなか定員の三〇名には満たなかった。結局一年遅れて九八年四月に開校したが[18]、実際に運営に当たる人選にも問題があり退学者が出たようで、二年後に卒業した生徒はわずかに一五名であった[19]。本養成所は仏教教団が設立に直接関与した女子教育機関として最初のものであった。しかし、

徒らに時流に流れて、前途の方針維持の確立を牢固にせず、之が企業に着手す、喩へは彼航海が雨か雲か天候の如何、及び汽関船体の波浪に能く堪ゆるや否やを考察せずして、徒らに港門を背にすと同じ[20]、

と『明教新誌』が酷評したように、確たる設立理念・経営の具体的方策を欠いたまま発足したため事業は発展しなかった。経営は一九〇四年、西本願寺が社会事業を行うため〇一年に設立した大日本仏教慈善会財団に引き継がれたが、ほとんどの卒業生が結婚して医療現場に定着しないこ

とから、一九一八（大正七）年に廃止された[21]。

婦人仁愛会教園・仁愛女学校　「婦人仁愛会教園」の創設者・禿《とく》　了教《りょうきょう》は、真宗誠照寺派浄覚寺の住職であった。禿は一八八六年に有志と道徳の作興を通じて国家と宗教に尽くすことを期して日本道徳会を結成、九二年頃より国家独立の立場から女子教育をキリスト教に委ねることの問題性を指摘し、仏教主義女学校を設立すべきことを盛んに論じていた。その主張は九八年二月に至り、日本道徳会有志の賛同を得て、婦人仁愛会の創立へと結実したようである。婦人仁愛会教園は、同年四月にこの会の育英事業として福井市に開校した。普通科（尋常小学校卒業者対象・三カ年）・高等科（普通科卒業者対象・二カ年）からなり、修身・読書（作文・和歌）・習字・算術・地理・歴史・家事を教科としていた[22]。

設立趣意書では、設置の本旨を「皇恩と仏恩とに報ひ奉る」ため「長久に皇国の利福を進め、永く仏陀の慈光を輝したまはんこと」と記している。また禿は、九二年の京都婦人教会臨時大演説会において、次のように述べている。

吾日本をして益々独立の基礎を堅固ならしめ、文化の黄金世界に進ましめ、各国と対等の権利を有し、五乗済入の宗教を万世に維持せんと欲せば、須く婦人教育の必要に注目し婦人をして社会の裏面より漸進せしめ、男女相待て社会を維持すること天に対する地の如く鳥の双翼、車の車輪の如くならしめ……（中略）去りながら是迄時々外国人の賞賛する、日本婦人の特性たる柔和の美徳温厚の美風を捨てゝ、欧米に全化を望むではありませぬ、飽迄日本婦人の特性たる温厚性、孝貞心は愈々増長せしめ、加ふるに最少し教育を盛ならしめ、婦権を振起せしめ、日本全国の仏教者が一致協同して、東京又は西京に一つの婦人大学位を設立し、婦人高等教育を外教者の専有とならしめず……（以下略）[23]

ここには、伝統的な婦徳に基調をおきつつも、婦人の相対的地位の向上と女子教育の必要性が論じられており、女子大学の設立まで企図していることが注目される。しかし仏教者が女子教育に参画すべき動機については、国家繁栄への奉仕という点から説明されているに過ぎず、仏教主義教育の内容に関する論及はない。一九〇一年頃には、県の認可を得て「仁愛女学校」と改称したようであるが、当時の校則の目的には仏教的表現を見ることはできない[24]。その後、一二四（大正一三）年には、福井仁愛高等女学校としての認可を得て、現在は、短大・高校・幼稚園を設置する福井仁愛学園となっている。

扇城女学校　一八九九（明治三二）年になると、条約改正を目前に控え内地雑居に伴う影響がさまざまに論議され、キリスト教の布教活動の活発化を懸念した仏教者の間にも女学校設置の気運が高まりをみせた。そうしたなか二月六日、「扇城《せんじょう》女学校」が大分県中津仏教各宗連合同盟会により創立された。

創立の前年、時の板垣内相が巣鴨監獄の教誨師を仏教僧侶からキリスト教の宣教師に変更した。この事件を契機として、さらに危機感をつのらせた仏教側は、仏教公認教運動を推進すべく仏教徒国民同盟会を結成、これに呼応する団体が全国に数多く結成されたが、中津の同盟会もその一つであった。[25]仏教徒国民同盟会は、その綱領に「仏教の精神に基ける諸種の教育特に普通女学校を奨励して、善良なる家庭を形作らしめ又社会を融和せしむること」[26]を掲げたが、全国に一〇〇近い下部・関係団体があったなかで、女学校を設置し得たのは中津の同盟会のみであった。

校長は提唱者であった梅高秀山（西本願寺派善正寺住職）がなり、中津城内の民家を校舎として借用し四月八日に開校した。生徒は開校当初五一名であった。学科には修身・国語・数学・漢文・地理・歴史・裁縫・家事・理科・図画・習字・体操があり、そのうち家事・裁縫が全体時間数の四〇％を占めていた。[27]中津は城下町で福岡に近く文化的先進地域であったため、早い時点で私立女学校が設立されることとなったが、秀山の病気もあり、一九〇七年頃には生徒も減少して廃校の危機に陥った。しかし二代目校長の梅高普行の努力と西本願寺の大日本仏教慈善会財団の交付金などにより復興し、一一年には中津に郡立の高等女学校が設置されたにもかかわらず校舎を増築、そのときに生徒数は三二〇名にまで増加している。[28]二三年には高等女学校に昇格し、現在は、東九州女子短期大学のほか高校・幼稚園を設置する扇城学園となっている。

仏教仁慈女学院・真龍女学校　「仏教仁慈《じんじ》女学院」は、一八九九年二月一八日、大日本仏教仁慈博愛社の事業の一環として東京浅草松葉町の東本願寺派真龍寺の本堂に開校した。[29]大日本仏教仁慈博愛社は、秋田県六郷町の同派長明寺住職・長澤常應の発起によるもので、設立趣意書には、

若し我か仏教家たるものの今日にして尚決するところなくんば遂に我同胞の貧窮民は全く彼基督教の手に落ちなんとす、況や内地雑居の期は将に目前に迫り軒を雑へて外人と相交はる

の日は已に他日を余ざる時に於てをや、若し今にして仏家の計を為すに非ずんば悲哉積年の仏教国民は変じて基督教国民となるに至らん、(30)

と記し、内地雑居を目前に控えキリスト教への強い警戒感を表明している。そして「怨親平等無辺の大悲を以て三界を衿哀し群生を拯済するを義とす仏教家たるもの」「慈善事業に従ひ以て其教域を拡張せんとす」といい、慈善事業を通じて危機を乗り切ることを主張する。設立総則では、具体的事業として、出兵家族救恤院・貧民小学院・貧民中学院・貧民女学院・療病施薬院・免囚保護院の六院の設立を計画しており、そのうち貧民女学院については、目的を「赤貧者の女子を集めて之に普通学並に家業を教授し独立自営の道を立てしむる事」としていた。

この主旨に賛同し、直接に仏教仁慈女学院の開設に当たったのが、真龍寺住職で仏教系新聞『明教新誌』の主筆をしていた安藤正純《まさずみ》（後に還俗して国会議員となり、戦後は文部大臣も務めた）であった。(31)開設の年の四カ月後に同院を訪問した人物の報告によれば、(32)生徒は三二名、年齢は六歳より一六歳までで、級を三部とし、甲は高等小学校一年程度で尋常小学校卒業者四名、乙は尋常小学校二年程度で二二名、丙は尋常小学校一年程度で六名であった。教員は京都女子師範学校を卒業し淳風小学校の教員をしていた富森清子が当たり、安藤や高僧名士が仏教修身談話を時折行い、授業は本堂仏間へ合掌念仏して始められた。一方博愛社の方は、四月に長澤が資金を募集するため名古屋に赴き、ある程度の寄付を集めることに成功したようであるが、五月に病に倒れ帰郷したため事業は頓挫し、女学院経営のみが安藤個人の事業として残されたようである。(33)

安藤は、一〇月一八日付で東京府に対し設立願を提出している。[34] それによれば、校名を「真龍女学校」と改め、小学校就学不能者を対象に無月謝で修身・読書（付、作文）・習字・算術・地理歴史・裁縫・唱歌を教授する本科と、尋常小学校卒業程度を対象とする附属裁縫科を置くとしている。目的は「本校ハ慈善主義ニ依テ簡易ナル普通学科ヲ授ケ且ツ仏教ニ依テ女徳ヲ涵養シ貧困ニシテ就学スル能ハザル者ニ普通ノ智識ヲ与フルヲ目的トス」であり、貧困者対象の初等教育中心の学校とはいえ、仏教主義教育を明言している点で特異な例である。当時安藤は仏教公認教運動の中心的人物として活動していたことから、あえて仏教主義を標榜したことも考えられる。なお本校は一九二四（大正一三）年に東京府に対し廃校届が出されている。[35]

顕道女学院・顕道女学校　一八九九年三月五日に開院式を挙げた「顕道女学院[36]」の創立者・松田甚左衛門[37]は、熱烈な在家の真宗信者であった。幕末より西本願寺の直門徒として活躍し、明治以降も弘教講の結成・顕道学校の設立など活発な護法活動を展開していた。当時は京都市下京区西本願寺の門前にあって顕道書院という仏教書専門の出版業を営むかたわら、元顕道学校の校舎を顕道学館と称し真宗少年徳義会を結成、地域の少年少女の教化活動に当たっていた。女学院は、この真宗少年徳義会の女子部を学校事業に発展させ、甲斐和里子を校長に迎え開校したものであった。仏教系新聞雑誌に発表された松田・和里子の連名による創立主旨では、「今や女子教育の全権はすでに外教徒の手に帰し且外人雑居の日はすでに迫れり」との現実認識に立ち、「本院は仏教を以て主義とし徳育を以て本旨とし勤倹貞専の美風を挙げ姑息軽佻の弊濆に堕さゞらんことを期す」との教育方針を述べている。

当初入学生は十数名であったが、八月には五〇名となり、さらに二〇名の生徒募集を行った。一〇月三〇日には「顕道女学校」として京都府に設置申請を行い、目的を「重キヲ徳性ノ涵養ニ措キ智識ノ啓発ニ怠ラス入リテハ仰事俯育ノ任ニ勝ヘ出テハ自己ノ品位ヲ保持シ得ヘキ良妻賢母ヲ養成スルニ在リ」と記している。本科の課程表を見るに、家政と裁縫の時間数が三四％と高い比率を占めているが、修身・国文・歴史・地理・数学・理科・習字・図画・音楽・体操と科目も充実しており、本科三カ年のほか、高等科二カ年（高等小学校卒業程度）を置き、学校としての体裁を整えている。

申請書には、松田をはじめ五名の設置者の名前が見えるが、その筆頭は伊藤長兵衛であった。伊藤は当時、綾小路烏丸東入に帯地専門の店舗を構えていた商人で、熱心な真宗信者でもあった。後に伊藤は、同族企業の伊藤忠商店と合併して株式会社丸紅商店を設立した際、取締役社長を勤めている。(38) 松田には、伊藤ら豪商の援助を受けて経営を安定化させ将来的に高等女学校へ昇格させる構想があったと考えられ、府の認可を円滑に得るためにも申請書から仏教的言辞を削る必要があったとみられる。もちろん松田は仏教主義教育を放棄したわけではなく、府の認可を受けた直後の一二月にも、顕道女学校の行事として報恩講を執行していた。しかし、この方針をめぐって校長の甲斐との信頼関係に溝が生じたようである。翌年、松田は西本願寺の直門徒を離籍し本山執行部の世俗化への批判を強めていくが、これにより、西本願寺当局の中枢的人物・足利義山を父にもつ和里子との仲は決定的となったと思われる。この年の八月、和里子は顕道女学校を辞し、夫駒蔵とともにあくまで仏教主義を教育方針に掲げた私塾「文中園」を開校した。一方、顕道女学校は和里子という優秀な教員を失い、再開の目処がつかず翌一九〇一年に休校届を府に提出し、実質的に廃止となった。

淑女学院 「淑女学院」は、一八九九年九月、広島県十日市町の西本願寺派覚善寺住職・常光得《つねみつとく》然《ねん》により同寺境内に設置された。仏教雑誌に発表された「雙三女学校趣意書」[39]では、

抑々女子教育の必要なるは、今に至りて始めて知るにあらざるも、開国の今日愈々之れが急を告ぐ、其故は今の日本は古の日本にあらず、出ては遠く万国と交り入りては近く外人と居り、共に立ちて対等の権利を行ひ倶に馳せて同一の交際を開くものなればなり

と述べており、内地雑居が設立の契機となっていたようである。教育方針については、「当地に中学程度の女学校を新設し、教ふるに学術技芸を以てし、導くに倫理道徳を以てし、軽躁に失す、卑屈に堕せず、真に本邦固有の婦徳を全たからしめんことを期す」としている。常光は西本願寺立文学寮の卒業であり、県立三次《みよし》中学の校長瀧口了信（後に国会議員、高輪中学の経営を西本願寺より継承）、教頭西依一六が同窓生であったことから、その協力を得て広島県北部における初めての女子中等教育機関として発足した。しかし、地域の教育的水準はこれを必要とするまでに至っておらず、常光の資力も尽きたため、間もなく廃止されたようである[40]。

大谷女学校・姫路淑女学校 姫路市船場の「大谷女学校」は、一九〇〇年四月六日に開校式を挙

げた。設立者の大谷勝珍は東本願寺派本徳寺の住職であった。一八八七年には普通教育の発展せざるを遺憾に思い寺域内に崇徳学校を創設し、一時生徒は三六〇余名に達していた。崇徳学校は、「普通小学課程を授け傍ら正信偈和讃御文等の勤行式より日曜毎に生徒並に父兄へ法話を為すを例」(41)としており、九五年には組織を改め大谷高等小学校と改称した。さらに一九〇〇年三月に至りこの学校を廃校し、改めて女学校を設置したものであった。開設の趣意書は「国家の基礎なる女子教育の振興せざるときは其国の文明は円満なる発達を期すること能はざるべし、慈母の任重且つ大なりと云ふべし(42)」と記し、国家的な観点から女子教育の必要性を述べている。同時に「本邦女子教育の現況たるや外国教徒の従事せるもの其半ばに過ぐ我邦古来の美徳を忽ることなきを保すべからず豈恐怖戒厳せざるべけんや」といい、キリスト教に対する強い警戒心を表明していた。しかし仏教主義的教育を行う旨は記されておらず、教育の方針は「其教育の主義たる固より忠孝を基本とし、淑徳の美風を養ひ軽佻の汚習を退け国家文明の基礎を作らんことを期す」と述べられているに過ぎない。

本校は、〇二年に経営を東本願寺教団に移管し、学科を高等女学校程度に改めて「姫路淑女学校」と改称した。しかし〇四年には東本願寺教団の寺務改革により維持費の援助が停止され、閉鎖の危機に陥った。結局、姫路市有志の努力により学校を別の地に移転して存続され、〇七年には高等女学校として認可されたが、一〇年に県立の姫路高等女学校が設置されたため生徒を該校に移し、翌年三月に廃止された(43)。

文中園・文中女学校　「文中園」は、顕道女学校を退職した甲斐夫妻により一九〇〇年九月、京都市醒ケ井通五条下ルに開校した(44)。生徒は顕道女学校の生徒の過半が移ってきたため、当初より六〇名ほどいた。一一月には花屋町東中筋角の常楽寺に移転して「文中女学校」と改称し、その際京都府の認可を得たようである。ところが府への申請の段階で、週に二回教授を予定していた法話と仏教講義の科目は削除されていった(45)。〇三年一〇月一四日付『中外日報』における和里子の談によると、実際には、是山恵覚・足利義山らにより法話や勤行の指導が行われたようであるが、対外向けの概則の目的は前述の顕道女学校のそれとまったく同文であり、ことさら仏教主義を標榜していない。文中女学校は訓令十二号適用外の学校であり、甲斐夫妻も仏教主義教育への強い意欲を示していた。にもかかわらず、あえて公的に仏教主義を標榜しなかったのは、西本願寺と京都市との間で該校を府立高等女学校に準ずる学校にしようとする計画があったからと推察される。

当時、京都には府立高等女学校が一校あるのみで入学競争が激化するなか、第二高等女学校の設置が要望されていたが、行政側はその財源を見出せず代替となる女学校を必要としていた(46)。一方、大日本仏教慈善会財団を設立し慈善事業への取り組みを始めた西本願寺にとっても、女学校設立は仏教の有用性を国家社会にアピールする格好の事業であった。〇一年四月一九日付の仏教系新聞『教学報知』（翌年『中外日報』と改題）によれば、西本願寺は東京移転した旧模範中学校跡に文中女学校を移し本山経営とする計画を立てており、同月一一日には武田篤初執行より

「校舎ニ充ツベキ建物ノ検閲」が京都府に申請されている。[47]八月一日には、内貴京都市長・市助役と武田執行との間で女子手芸学校の設立相談会が開かれ、内貴市長は同校がもし宗教色を払拭するのであれば幾分の経費補助を行うことを約束していた。[48]

ところが、この計画はさまざまな問題が噴出し容易に進展しなかった。まず校舎については、当初本願寺側が境内地建物を充当しようと考えていたのに対し、宗教色を懸念する市側が難色を示し、高等女学校の旧校舎などが候補にあがったが、すでに他の利用計画があり決着しなかった。[49]次に財政面でも、〇一年一一月に本願寺集会は女学校設立運営費につき審議したが、具体的財源展望を示すことができずに終わった。[50]結局、文中女学校に対する援助金を月額一〇円から一〇〇円に増額したにとどまり、[51]計画が実現されることはなかった。このため中小の女子教育機関が乱立する二〇世紀初頭の京都にあって、[52]甲斐夫妻は内職までして学校経営を支えねばならなかった。

京都淑女学校　頓挫した西本願寺に代わって公立高等女学校に準ずる学校を設置したのが、東本願寺であった。東本願寺は前年より京都に女学校を設置することを検討しており、[53]この計画は一九〇一年四月八日、東本願寺の門前の下京区不明門中珠数屋町下ルに「京都淑女学校」として実現された。[54]校長の田島教恵は哲学館に学び、当時、富小路二条南入俵屋町に明進学館という私塾を経営していた。[55]明進学館は主に中等教育機関への進学希望者に対する予備校として一八九四年に開校したものであり、田島は自身が仏教信者であることから、仏教主義的な教育を施す意向を持っていたようである。また田島は音楽に対する造詣も深く、京都少女唱歌会を組織するなど仏教唱歌の指導者としても著名であった[56]。一八九九年当時、明進学館は男子部・女子部・音楽部があり松原通六波羅角にも分校を置いていた[57]。田島は後に『淑女の修養』という著書を刊行しており、これにより彼の女子教育の方針を知ることができる。本書において田島は人がその本分を尽くすことを重視する立場から、女性の本分について次のように述べている。

人にして本分を守るほど貴きはなし、妻は妻、母は母、各其本分を尽くして良妻賢母たるを得べし、幸にして我等は至仁至愛なる皇室の下に生れ、有り難き大御代に遇ひて、此秀美なる国土に住し、忠孝を以て精華とする美風の中に棲息するは、実に限りなき幸福ならずや[58]。

設置申請書は[59]、〇一年一月二八日付で当時東本願寺派高倉文学寮の主幹の職にあった廣瀬守一の名義で京都府に提出され、目的を「本校設置ノ目的ハ教育勅語ノ御旨趣ニ基キ普通学科ノ外ニ裁縫手芸ヲ女子ニ教授シ兼テ貞淑ノ婦徳ヲ涵養シ未来ノ良妻賢母ヲ養成スルニアリ」と記している。修業年限は本科四年、高等科二年で、修身・国語・地理・歴史・理科・数学・習字・図画・唱歌・裁縫・家事の必須科目のほか、随意科目として英語・点茶・挿花があり科目は充実している。その内、裁縫・家事が全体時間数の四〇％近い割合を占めていた。

本校では、東本願寺内の婦人法話会に生徒を参加させたり、南條文雄・野々村直太郎・前田慧雲らを名誉講師として学内演説会を開催したりして宗教教育を行っていた[60]。しかし〇四年の時点ですでに東本願寺の援助は断絶し、田島の個人経営の学校へと移行していたようである[61]。しかも〇六年に京都淑女高等女学校として認可を受けてからは、府立高等女学校に準ずる学校として京都府から補助金を交付されることとなり、[62] 徐々に仏教色は薄められていったようである。なお本校は戦後の学制改革後も京都淑女高等学校として存続していたが、一九五二（昭和二七）年に廃止された。[63]

慈愛女学校　「慈愛女学校」は、東亜仏教会京都女子部の事業として、一九〇二年四月三日に京都市中京区姉小路堺町西入ルの京華看病婦学校内に開校した。[64] 東亜仏教会は一九〇一年二月一〇日、釈雲照・島地黙雷・大内青巒・南條文雄・村上専精・高田道見・澤柳政太郎・織田得能・田中舎身らが発起人となって、東京神田錦輝館に発会式を挙げた。[65] 同会は当時の東京における各宗派の僧俗著名人を網羅して、仏教弘通を目的として結成されたもので、五月に女子部を、[66] 七月に京都支部を置いたようである。[67] 京都女子部は、発会後まもない一〇月の例会で、「貧民の子女を入学せしめ簡易の必須なる学科裁縫手芸等を無月謝にて教授し書籍用具を給し自活の道を与ふる」[68] ための慈善女学校の設置を発表していた。校主は京華看病婦学校の橋川恵順がなり、学監に京都淑女学校の田島教恵、校長には東京女子高等師範学校で教授舎監を勤めた安達安子が当たった。校舎は一九〇五年に寺町広小路上ル本禅寺に移転しており、そのときに七〇余名の生徒がいたようである。[69] 一九〇六年刊行の『京都修学案内』によれば、予科一年、本科三年を置き、科目に修身・読書・習字・裁縫・手芸があった。生徒は一般女子を対象とした甲種と、学資欠乏や家事困難など事情のある女子の乙種に分け、乙種の生徒は無月謝であった。しかし、この年の五月には、京都婦人慈善会に経営が移り、京都婦人慈善会附属手芸学校と改称した。[70]

高輪裁縫女学校・高輪淑女学校　「高輪裁縫女学校」は、一九〇三年四月六日、東京芝に小林芳次郎・雛子夫妻により創設された。小林芳次郎は、警視庁・陸軍省・農商務省などを歴任した官吏であるが、そのかたわら一八九九年頃より品川正徳寺住職・平松理英とともに品川婦人会を組織したり[71]、芝に雙連女子日曜学校を開いたりして[72]、婦女子の仏教教化活動に従事していた。後に小林は、在家の篤信家として西本願寺派の教士資格を取得している。

設置申請書は[73]、一九〇六年四月四日付で東京府に提出されており、これによれば必須科目に裁縫・手芸・修身・国語・習字・家政、随意科目に風琴・琴・点茶・生花があり、そのうち裁縫が必須科目時間数の三分の一を占めていた。申請書に添付された学則には「本校ハ女子ニ実用適切ナル和洋服ノ裁縫並ニ手芸ヲ教授シ兼テ又其品位ヲ高尚優美ナラシメンガ為ニ女子相当ノ学術ヲ習修セシムルヲ以テ目的トス」と記し、特段仏教主義的な教育を行う旨を表明していない。しかし、本校が仏教主義に基調をおいた教育を行うことを目的として設置されたことは明らかであり、創立一〇周年に際し、小林は次のように述べている。

私が本校を設立致しました動機は、第一私の両親が私を教員にしたいとの希望でありました事、二には少壮時代に檀那寺の大野義海師より、薫陶を受けました事、第三には七里大和尚に、その全生涯を宗教活動に捧げんと誓った事、又四にはキリスト教徒の手に成れる女学校が、何れも繁栄なるに引かへ、仏教徒のは、何れも龍頭蛇尾に終るを見て、如何にも残念に思った事でございます。そしてこの仏教主義の教育に、身を投じたならば、育英の事業にと望まれた両親の意をも空しくせず、一は以て宗教界に捧げんと誓った言にも背かず、志を成し得るのでございますから、で私は愈よ本校を設立するに立ち至ったのでございます。(74)

また、開校の翌年に『婦人雑誌』(西本願寺派の東京婦人教会発行『婦人教会雑誌』の後継誌)に掲載された広告には、婦徳涵養を教育理念の第一義として掲げ、

教育勅語の聖旨を深く服膺遵奉せしむべきは勿論なりと雖ども、吾人は又世間的道念が、出世間的宗教の信念と相待ち、茲に愈々牢乎として動すべからざる事を確信す、而して千数百年間上下貴賤を通じ、普ねく宗教的感化を及ぼせる者、我が仏教を措て他に求むべきにあるなし、(中略)因て本校は又大ひに仏教々義を遵奉し、一面には世間的道念の進歩を図り、又一面には女子の心霊上に無窮の生命と無限の大安慰を与へんと欲す、さは云へ宗教信仰の自由は、我が帝国憲法の保障するところなり、故に吾人は来学者の総てに対し、漫りに仏教の信仰を脅迫するものにあらず、然りと雖も本校設立者の微衷は実に茲に在て存せり、故に来学者は予め此の意を諒せられん事を希望す。(75)

と述べている。

本校は、西本願寺、特に高輪仏教大学に連なる人脈と密接な関係があったようであるが(76)、仏教教団や寺院からの直接的な援助を受けることなく小林夫妻の個人的努力により存続した。またその教育方針には、教団経営の学校にありがちな教育を教線拡大の手段視する傾向はみられず、真宗信仰に基調をおいた独自の精神教育が行われ、熱心な指導には定評があったようである。一九

一〇年に「高輪淑女学校」と改称し、大正期になって目黒に移転、高等女学校として認可され日出高等女学校と名を改め、戦後の学制改革で日出学園中・高等学校となった。

桜花義会看病婦学校　一九〇三年には、東本願寺派願専寺住職・大溪専《おおたにもはら》により、「桜花義会看病婦学校」が設立された。大溪は、〇一年、不況により苦しむ民衆を救済するため桜花義会という社会奉仕組織を発足させており、夫人が京華看病婦学校の卒業生であったことから、会の事業の一環として看護婦学校の設立を企図した。(77) 〇三年五月二七日に県の認可を受け、名古屋市裏門前町に開設した。(78) また大溪は、二三（大正一二）年に至り、この看病婦学校を廃止して、桜花高等女学校を設立した。この学校は、桜花学園大学・名古屋短期大学のほか高校・幼稚園も設置する現在の桜花学園に発展している。

看護婦養成については、この他数校の女学校で附属看護婦学校の設立計画があり、(79) 仏教婦人会による看護法伝習は各地で行われたようである。(80)

その他　上述のように日清・日露の戦間期には、仏教徒による女学校設置の状況は再び活発化していったが、地域的には東京・京都などの都市部に集中しており、地方へと波及していないのが実情であった。もっとも計画はいくつかあったようで、一八九九年九月頃、熊本県の西本願寺派の有志は仏教主義の高等女学校の設置を計画していたし、(81) 同年一二月に発会した山梨仏教会も女学校の設置を計画していた。(82) また翌一九〇〇年四月には、福井県今立郡の中山了運（西本願寺派）が明光女学館という学校の設立を計画していた。(83) さらに〇一年には、山口県大島郡久賀村の楢崎一之丞という人物が仏教主義によって、学資がなく女学校に進学できない女子を教育する慈光相愛女学校を設置すべく活動しており[84]、同じ頃、兵庫県美嚢郡の民岡忍甲も仏教敬愛女学校と称する学校を設立するため募金活動をしていた[85]。宮城県でも、〇二年頃に仏教信徒により淑徳女学校という学校の設立計画があった[86]。しかし、地方の教育水準は女子中等教育を必要とするまでには至っておらず、これらは計画のみか、開校してもきわめて短期間に廃止されたようである。

三　伝統的婦徳の復権

仏教主義の空洞化　本期女学校の設立状況を概観してまず指摘し得るのは、内地雑居を念頭においたものが多く、相変わらずキリスト教への対抗意識が強いことである。鹿鳴館期にあって仏教側の性差別的体質への取り組みは、結局のところ時代制約や女性自身の自立心の欠如にその責を転嫁する「言い訳」に終わったことは否めないものの、一方でキリスト教への対抗意識と開化状況に立ち遅れまいとする危機感が相俟って、伝統的女性教化を見直さざるを得ない気運も醸成されつつあった。ところが、国粋主義の台頭・日清戦争を経たこの頃になると、「非日本的・反国体的なキリスト教、国体思想とも融合した日本宗教としての仏教」という対立構図は完全に仏教者の意識に定着する。そして、仏教主義女学校の教育理念もキリスト教への対抗意識により一層伝統的婦徳への傾斜を強めていった。

建学の理念として掲げられたものを見ると、「勤倹貞専の美風」（顕道）、「本邦固有の婦徳」（広島淑女）、「貞淑の美風」（京都淑女）など、伝統的に女性に求められてきた徳目が目立つ。しかしながら、これらが仏教の根本的立場と如何に結びつくかという点が追求されることはない。ただ仏教が体制宗教として民衆教化に当たってきた過去の実績が強調され、その伝統的教化を駆使して近代天皇制国家に貢献しうる点がアピールされるのである。このため、一八九九年の訓令十二号により、かえって各種学校が宗教教育禁止の適用外であることが明らかにされたにもかかわらず、公的に仏教主義教育の実施が表明されることはほとんどなかった。仏教主義が取り沙汰される場合でも国家に忠良な臣民の育成が根幹に据えられ、その内実において国家が行う教育と何ら差異が認められない。むしろ天皇制イデオロギーを女性に注入しようとする点については、国家側よりも性急な姿勢さえ示されるのである。

家政の重視　教科面では、公立高等女学校に比して家事・裁縫に多くの時間が割り当てられている。これは、公立高女が上からの近代化を担う「中人以上の家」[87]の知的水準の底上げを狙っていたのに対し、仏教主義女学校が底辺から天皇制を支える伝統的共同体原理の温存に存立意義を見出した結果といえる。家政の重視は一面民衆の教育的欲求に対応したものではあったが、仏教女学校において、真に民衆のニーズにこたえようとする姿勢が貫かれていたとは言い難い。仏教者の関心は、民衆の解放願望に向き合うことよりも、国家の歓心を買うことへと向けられていた。家政教授についても、伝統的婦徳の涵養と一体となって共同体原理から女性の恭順さを掘り起こし、天皇制支配体制に繋げる目的から重視された傾向が強い。つまり、本期に至って、仏教女学校は、公立高等女学校教育を副次的にサポートする役割を自ら進んで受け入れていったのである。

[註]

(1) 深谷昌志『良妻賢母主義の教育』(黎明書房　一九六六年)。
(2) 久木幸男「良妻賢母論争」(『日本教育論争史録』第一巻　第一法規出版　一九八〇年)。
(3)(4) 文部省普通学務局「全国高等女学校長会議要領」(『高等女学校資料集成』第五巻　大空社　一九八九年)。
(5) 高等女学校設置の目的の一つが内地雑居に伴うキリスト教への対抗策にあったことは、曲浦生「地方基督教主義女学校の危機」(『女学雑誌』四五八号　一八九八年一月二五日)、鷗村「内地雑居と女子教育」(同誌四八〇号　一八九九年一月二五日)などを参照。
(6) 仏教公認教運動に関する研究には、柏原祐泉『日本近世近代仏教史の研究』(平楽寺書店　一九六九年)、赤松徹真「仏教公認教運動の論理と状況」(千葉乗隆博士還暦記念論集『日本の社会と宗教』同朋舎　一九八一年)などがある。
(7) 本多周山演述「工女教誨」(『婦人雑誌』一二八号　一八九九年九月)。
(8) 「仏教婦人教会」(『反省之鏡』第三年第二号　一八九八年二月)。当時仏教徒による女性教化に関する著作もいくつか刊行されているが、女性の地位向上に関する理解の程度の差こそあれ、女性の従としての立場を職分論から肯定している点では共通している(小泉了諦述・飯田善蔵編『婦人教の鏡』顕道書院　一八九八年、千河岸貫一『仏教婦人修身の心得』興教書院　一九〇一年)。
(9) 赤松連城「婦人諸姉の注意」(『婦人雑誌』一二四号　一八九八年五月)。
(10)『女鑑』一一〇号(一八九五年六月五日)。

（11）一八九六年一月八日付『明教新誌』。なお、中里日勝の履歴は第四三回忌記念「中里日勝上人履歴」（円通寺　一九八五年）を参照。
（12）「各種学校ニ関スル書類（明治二八年）」（東京都立公文書館所蔵）。
（13）こうした状況は東京以外の都市にも波及していった。大阪では相愛が一九〇六年に高等女学校へ昇格、一一年西本願寺派に経営を移管して、淑徳・千代田と同じ路線をとり、綜藝種智院は廃校に追い込まれている。しかし、教団経営移管の路線は高等女学校昇格を目指すことが多く、そのため一八九九年に出された訓令十二号（所謂「宗教教育禁止令」）との関連で、昇格を果たすと仏教教育が後退していく事例が間々みられた。
（14）一九〇二年四月二〇日付『婦女新聞』。
（15）『婦人雑誌』一〇七号（一八九六年一二月）。
（16）『婦人雑誌』一〇八号（一八九七年一月）。京華看病婦学校については、本書第Ⅰ部二章を参照。
（17）『婦人雑誌』一一一号（一八九七年四月）。
（18）一八九八年五月二〇日付『明教新誌』。なお、同養成所は、西本願寺派管長・大谷光尊の名義で一八九九年一〇月二七日付をもって京都府知事宛に「私立学校設立願」が出されている（「明治三二年　私立学校一件」　京都府総合資料館所蔵）。
（19）一八九八年一〇月一日付『教学報知』、『婦人雑誌』一五〇号（一九〇〇年七月）、『教海一瀾』六六号（一九〇〇年四月）。
（20）嘲風生「看護婦養成所設立に就て」（一八九六年一一月二八日付『明教新誌』）。なお嘲風は姉崎正治の号である。
（21）「西本慈善会決議」（一九一六年四月二九日付『中外日報』）、「閉鎖する看病婦学校」（一九一六年五月六日付『中外日報』）。その後、西本願寺派は、一九二四年に東京築地別院に「中央看護婦学校」を設置している（『新修築地別院史』一九八五年）。
（22）『福井県教育百年史』第一巻　八六七〜八六八頁（一九七八年）。
（23）禿了教「京都婦人教会臨時大演説大意」（『婦人雑誌』第五六・五七・五九号　一八八九年九・一〇・一

二月）。
(24)『福井県教育百年史』第三巻　一〇三〇～一〇三五頁　一九七八年。
(25)『政教時報』四号（一八九九年二月）、同誌　一〇号（一八九九年五月）、一八九八年二月一六日付『明教新誌』。また巣鴨教誨師事件から仏教徒国民同盟会結成に至る経緯については、吉田久一「巣鴨教誨師事件」（宮崎円遵博士還暦記念会編『真宗史の研究』永田文昌堂　一九六六年）を参照。
(26)仏教徒国民同盟会の機関誌である『政教時報』の一一号（一八九九年六月）以降に毎号掲載。
(27)『政教時報』三二・三三号（一九〇〇年六月）。
(28)『大分県教育五十年史』四六六～四六八頁、『大分県私立高等学校考』一五〇～一五五頁。
(29)一八九九年二月二七日付『教学報知』。
(30)一八九九年二月一八日付『明教新誌』。
(31)安藤の経歴については、安藤正純遺徳顕彰会編『安藤正純遺稿』（一九五七年）を参照。
(32)大澤天仙「仏教仁慈女学院を観る」（一八九九年六月二・三日付『読売新聞』）。
(33)一八九九年四月一四日付『明教新誌』、同年四月一七・一九付『教学報知』、「真龍女学校（各宗学校参観記の六）」（『仏教』一七八号　一九〇二年一月）。
(34)「各種学校（明治三二年）」（東京都立公文書館所蔵）。
(35)「私立学校（大正一三年）」（東京都立公文書館所蔵）。
(36)顕道女学校については、拙稿「顕道女学校関係資料」（京都女子大学宗教・文化研究所『研究紀要』一三号　二〇〇〇年三月）を参照されたい。
(37)松田の経歴については、拙稿「近代西本願寺における在家信者の系譜―弘教講、顕道学校、そして小川宗」（福嶋寛隆編『日本思想史における国家と宗教』上　永田文昌堂　一九九九年）を参照されたい。
(38)丸紅株式会社社史編纂室編『丸紅前史』（一九七七年）。その他の設立者も、七条新町で呉服商を営む竹市勘三郎、塗師屋町正面で酒造業を営む岡本忠兵衛ら地元の商人であった（註(36)、『京都市姓氏歴史人物大辞典』角川書店　一九九七年）。

(39)『教海一瀾』一五〇号（一八九九年九月）、『婦人雑誌』一四一号（一八九九年一〇月）。
(40) 常光浩然『是仏山覚善寺史』、広島県三次高等学校同窓会『創立九十周年記念写真誌』（一九八八年）。
(41) 一八九八年七月九日付『教学報知』。
(42) 東本願寺『宗報』二四号（一九〇〇年六月二五日）。この他、同様の記事は、同年七月九日付『教学報知』、同年七月一八日付『明教新誌』、『婦人雑誌』一五一号（同年八月）にも掲載されている。
(43) 一九一一年三月二四・五日付『鷺城新聞』、『姫路紀要』一五四～一五五頁（一九一二年）。
(44) 妻木直良「文中女学校参観の記」（『伝道新誌』第一三年第一一号　一九〇〇年一一月）、「文中女学校の創設」（『教海一瀾』八二号　一九〇〇年一二月）、一九〇〇年一二月一八日付『明教新誌』、一九〇一年四月一五日付『教学報知』。
(45)『京都女子学園八十年史』（一九九〇年）。
(46) 小山静子「高等女学校教育」（本山幸彦編『京都府会と教育政策』日本図書センター　一九九〇年）。
(47)「明治三四年　私立学校一件」（京都府総合資料館所蔵）。
(48) 一九〇一年八月四日付『教学報知』。
(49) 一九〇一年一二月一五・二五日、一九〇二年一〇月一〇日付『中外日報』。
(50)「定期集会の議事」（『教海一瀾』一一六号　一九〇一年一二月五日）、一九〇一年一〇月九日付『教学報知』。
(51)『本願寺宗会百年史』史料編下　二四六頁（一九八一年）。
(52) 文中女学校設置時、京都市には、京都府立高等女学校・同志社女学校・京都女学校・平安女学院しか女学校はなかったが、以後一九〇一年に京都淑女学校、〇二年に京都女子手芸学校・女子和洋技芸学校・京都正教女学校、〇三年に菊花女学校・慈愛女学校、〇四年に高等家政女学校と、毎年設立されている。
(53) 一九〇〇年三月四・六日付『明教新誌』、一九〇〇年三月五日『教学報知』、『六合雑誌』二三二号（一九〇〇年五月一五日）。
(54) 本校は、一九〇四年に猪熊通六角南入ルに移り、さらに一九一二年に大宮通寺之内上ルに移転、一九三七年からは紫野大徳寺町にあった。
(55) 一八九四年七月二六日・九月八日付『明教新誌』。
(56) 『少年会誌』第三編第一巻(『婦人雑誌』一〇八号　一八九七年一月)。
(57) 一八九九年一〇月二三日付『教学報知』。
(58) 田島教恵『淑女の修養』一二頁(一九〇九年)。
(59) 「明治三四年　私立学校一件」京都府総合資料館所蔵。なお廣瀬の経歴については、高木実衛『新妙好人伝』(法藏館　一九九〇年)を参照。
(60) 一九〇四年三月一〇日付『中外日報』。
(61) 一九〇四年四月二七日付『中外日報』。
(62) 『婦人雑誌』二一六号(一九〇六年一月)。
(63) 『京都府百年の年表』五　教育編(一九七〇年)。
(64) 一九〇二年三月一〇日付『婦女新聞』、一九〇二年四月五日付『中外日報』。
(65) 一九〇一年一月一八日付『明教新誌』、一九〇一年二月一七・一九日付『教学報知』、『伝道新誌』第一四年第二号(一九〇一年二月)。
(66) 一九〇一年五月二八日付『婦女新聞』、一九〇一年三月二三日付『教学報知』。
(67) 一九〇一年六月一九日付『教学報知』。
(68) 一九〇一年十月二〇日付『浄土教報』。
(69) 「明治三九年　私立諸学校」(京都府総合資料館所蔵)、一九〇五年九月一八日付『婦女新聞』。
(70) 「明治三九年　私立諸学校」。なお京都婦人慈善会は、一八八七年に皇后の内旨を受け、北垣京都府知事の尽力により伊藤博文夫人を会長として発足したもので、実際には設置後間もない時点で慈愛女学校の経営を継承していたようである(『社会時報』第九巻第九号　京都府社会事業協会　一九三九年九月)。
(71) 一八九九年七月六日付『明教新誌』。
(72) 『婦人雑誌』一七八号(一九〇二年一一月)。

(73)「私立各種学校（明治三九年）」東京都立公文書館。
(74)『婦人雑誌』三〇四号（一九一三年五月）。
(75)『婦人雑誌』一九七号（一九〇四年六月）。
(76)『婦人雑誌』一九一号（一九〇三年一二月）。
(77) 大谷和雄『風雪に耐えて―桜花学園創立者　大溪　専先生の生涯』（学校法人桜花学園出版部　一九九四年）。
(78) 一九〇三年七月二日付『中外日報』。また本校の場合も一九一二年以降各地で無償で巡回看護を行っている（大溪専「巡回看護に就て」『信世界』第九巻第二号　一九一二年二月）。
(79) 滋賀県長浜市の日蓮宗妙法寺の住職兒玉禪戒師は、一九〇六年に看護婦養成と無料低額の巡回看護を行うことを目的とした「仏教悲田会」を創設した（『仏教徒社会事業大観』一九二〇年、『改訂　近江国坂田郡志』第三巻下）。また、萩の修善女学校（一八九六年五月二二日付『明教新誌』）、大阪の綜藝種智院（『伝灯』一二一号）などで附属看護婦養成所の設置計画があった。
(80) 大津市百石町真宗本願寺派の慶善寺住職・田口義門の発起により、一八八八年に発足した大津婦人慈善会（『婦人雑誌』三号　一八八八年四月）は、後に近江婦人慈善会と改称し、一八九七年三月に看護伝習を行っている（『反省之鏡』第二年第三号　一八九七年三月、『婦人雑誌』一一二号　一八九七年五月）。吉田久一氏によれば、こうした試みは各地で行われたようである（『日本近代仏教社会史研究』三〇九頁　吉川弘文館　一九六四年）。
(81) 一八九九年九月二五日『教学報知』、『反省会雑誌』一四年一〇号（一八九九年一〇月）、『仏教』一五五号（一八九九年一〇月一〇日）。
(82)『女学雑誌』五〇一号（一八九九年一二月一〇日）。
(83)『仏教』一六〇号（一九〇〇年四月五日）。
(84) 一九〇一年八月五日・九月一六日付『婦女新聞』。
(85) 一九〇一年一〇月五日付『中外日報』。また、一九〇四年三月一五日付同紙には、神戸に本校が存在したという記事があるが、存否は他の資料で確認できなかった。
(86) 一九〇二年六月二日付『婦女新聞』。
(87) 一八九九年、地方官会議における樺山資紀の訓示(『教育時論』五一四号 一八九九年七月二五日)。

第四章　家族国家観形成期の仏教女子教育（04〜12年）

日露戦争前後より、仏教教団各派は女学校設立を通じて近代天皇制教育の一翼を担おうとする動きをみせはじめた。背景には、公教育制度の整備に伴い存在意義の希薄となった男子普通教育から撤退し、またはこれらを統廃合して、その余力を国家社会に対するアピール度がより高い女子教育に振り当てようという教団側の狙いがあった。

仏教教団各派は、明治初年に僧侶子弟（男子）のための初等教育機関として、小教校・小学林などを全国に配備したが、初等教育の就学率が向上するにつれて、僧侶子弟も小学校で就学することが一般化していった。教団側は、小教校などを整理統合して仏教中学などに改組したが、なお僧侶子弟が一般の中学校への入学を望む傾向にあることから、やがて在家者も受け入れた中学校へと改められていった。西本願寺派の場合、最盛期に四〇校近くあった小教校を、一九〇〇年の学制更改で一七校の仏教中学に統合、さらに二年後には五校にまで整理し、これら学校は、それぞれ明治末までに中学校としての認可を受けた。また東西本願寺派は、二〇世紀の初頭、仏教学に加えて一般的学問を教育研究する学校（東派の真宗大学、西派の高輪仏教大学）を東京に設置した。ところが、これら総合的な高等教育機関の経営には莫大な経費を必要とし、東京帝国大学における印度哲学の講義内容が充実するなか、教団保守派からの不要論も出て、明治末までには前後して廃止され、京都の僧侶養成の専門学校へ統合されていった。

女子教育の場合は、男子に比べると、教育機関の整備も充分には進んでおらず、いまだ仏教が事業に参入する可能性が大いに残されていた。とりわけ明治末は、家族国家観の浸透を通じて天皇制教育理念の再構築が政府により図られつつあり、国家を底辺から支えるべき女子には、知識や技術の教授よりも、祖先崇拝観念を養うことが重要視された。こうして民衆の祖先崇拝に大きな影響力をもつ仏教への期待が高まり、各地で数多くの仏教女学校が設置されていった。

一　天皇制教育の仏教利用

国家教育の対仏教姿勢　明治以降国家の教育行政が仏教に対し採った対応は、きわめて冷淡なものであった。明治前期には公教育制度の定着に仏教の社会的影響力を利用する試みはあったものの[1]、思想的に仏教を学校教育の場に導入することの禁止は、おおむね政府の一貫した方針であった。しかも一八九〇（明治二三）年の教育勅語発布以降、教育者によるキリスト教批判は頻繁に行われ、その後宗教批判の対象は仏教にも拡大していった[2]。高等女学校も例外であり得ず、例え

ば一九〇一年七月の仏教系新聞『教学報知』は、松本高等女学校の教諭が公の場で、

一、宗教なるものは多く迷信を混合するを以て本校の生徒たるものは、爾今決して寺院又は教会に出入すべからず、但し僧侶或は宣教師の娘等は止むを得ざることなればこれ等とて出来得べくば出入せざるを可とす我所謂宗教とは重に仏教及基督教を指すなり、(3)

などを同校の教訓として掲げ、激しく宗教を攻撃したことを報じている。一九〇六年に至っても、牧野文相は全国小学校校長会議において次のように訓示し、宗教が学校教育の現場から排除されている状況を賛美していた。

そもそも宗教と教育とは自ら別ならざるべからず、宗教を離れたる倫理なればこそ、学校教育の道徳養成が完全に行はるれ、もしそれが宗教と混同したらむには、我国の忠男尚武の大精神は、発揮せらるゝ事能はず、日本大帝国の異彩特色ある倫理教育、今日の如く隆々たる能はざらむとす、欧州にては、宗教と学校の倫理教育と全く分離せず、これが分離は我国に於てはじめてこれを見る事を得べきのみ、而して其効果は今回の日露征戦に於て遺憾なく発揮せられたるを見る、(4)

日露戦後の思想情況　日露戦争後から明治末にかけての思想情況の変化は、天皇制イデオロギー分担者としての仏教の教化力を再評価させる契機を与えることとなった。こうした動向をもたらした日露戦後の思想潮流について、河上肇は「国民自負の時代、西洋文明輸入の反動時代」に入ったとの認識を示して次のように総評している。

> 思ふに明治二十七八年の戦勝は、（中略）戦勝の原因を以て、西洋文明の輸入に於て我国の清国に一歩を先んぜしの点に帰せんとするの傾向を免れざりき。然るに明治三十七八年戦勝の影響は、大に之と趣を異にするものあり。何となれば露国人は東洋人に非ずして西洋人なれば也。此の西洋人に勝ちたりと云ふ事は、実に甚しく吾が国民の自負心―東洋人たる日本人としての自負心を強めたり。（中略）今や其の西洋文明の崇拝は変じて軽蔑と為り排斥となり、其の輸入の歓迎は変じて警戒と為り禁遏と為らんとす。是れ豈に驚くべき思想界の一大変化に非ずや。(5)

河上が言うように、日露戦後は、伝統的な思想文化の復権の下地が準備された一方、戦時体制の弛緩と個人主義的潮流の台頭により体制側の国民統合プランが大きく動揺した時代でもあった。戦勝によって高揚した国民の自負心を武士道によって総括し、戦時体制の持続を狙った井上哲次郎等の目論み(6)も、そのアナクロニズム性ゆえに充分な成果を上げることができなかった。すると代わって、日本人のアイデンティティの拠り所を家族主義に求め体制イデオローグをサポートしたのが高楠順次郎であった。

高楠順次郎の「家族主義」唱導　高楠は一九〇六年二月に欧州留学から帰国し、その直後より家族主義が日露戦勝利の最大の要因であり日本人の強さの根源であるとする論を活発に展開していった(7)。高楠が家族主義をとりあげたのは、

> 今若し挙国一致の自負心を維持せんと欲するならば、幾多の家族々々に於て、これを纏める

時は、その一致を強くし、且つ之が退廃を防ぐといふことに、大いなる便利を得る。之が即ち敵前に在つては戦闘力となり、軍後にあつては後援となり活動となり、容易く目的を達することが出来るのである。[8]

と述べるように、挙国一致体制の維持という井上哲次郎らと共通する目的意識があったからに他ならない。そして「君民同祖」観念こそ見出せないものの、次の主張では、個々の家を天皇・皇室の下に集約させることで強固な国民統合を現出していこうとする路線を、明確に打ち出している。

国といふも家と云ふも同じ事で、二千年に神武天皇の大家族が他の群小の家族を率ひて浦安国の基を開き玉ひしも家族主義であるから多くの臣家が悉く御門の為、御家の為に働く、そして百二十一世の間吾々が今日陛下の臣民で有ると同じく吾々の祖先は皇祖皇宗譜代の家来であツた、中々三代相恩所てない千代相恩と云つても宜いのである、[9]

また高楠によれば、この家族主義は諸宗教を摂取し同化してきた源泉でもあった。これについて高楠は次のようにいう。

仏教も耶蘇教も皆個人主義であるが仏教も其根本に於て日本主義と違うに拘らず、両部神道に初まりて真宗に終りて全く日本化して仕舞った。（中略）爾う云ふ様に仏教でも儒教でも悉く家族主義の為に支配されてしまった。[10]

家族主義に代表される日本精神の同化力への賛美は、裏返せば原理的立場を無化し同化された宗教が、体制イデオロギーの分担者と化してきた実績をアピールするためのものでもあった。家族主義を重要視する主張は、やがて井上によって家族国家観へと体系化されていくが[11]、井上は諸宗教の意義についても高楠の見解を認めて次のように述べている。

我邦の文明の長所といふものは果して何であるかといふことがまだ明瞭になって居らぬ、それは或は武士道といふやうなものがあったからといふことは知つて居りましても、武士道だけではまだ尽きて居らぬのであります、(中略)それと裨補するには仏教、儒教などゝいふやうな東洋の宗教、徳教の関係も少くないのであります、さういふ仏教儒教等の力を俟つて段々発達して来た所の日本民族の従来の文明に決して侮るべからざる所の偉大の勢力といふものがある[12]。

『教育時論』にみる宗教観の変遷　一九〇八(明治四一)年頃になると「教育勅語」体制の形骸化は一層深刻さを増し、この年には事態の打開に向けて「戊申詔書」が発布され、内務省の地方改良運動が始動する。併せて文部省側も家族国家観を国民に浸潤させせようとする方策を本格化させていった[13]。その際、家族と国家という異質な制度を接合するためには、民衆の祖先崇拝を天皇制の天孫神話体系に収斂して「君民同祖」観念を国民に植えつけていく必要があり、民衆の崇祖意識はその前提となるべきものであった。こうして伝統的に国民の祖先崇拝に影響力を有する仏教は天皇制イデオロギー注入に利用価値のあるものとして、教育界にも大きくクローズアップされていったのである。

当時最もポピュラーな教育雑誌『教育時論』は、一八九七年の段階で「普通教育に宗教を加ふるの有害なることは、既に西洋宗教国に於てすら、深く認めらるゝ所なり」と断言し、さらには「本社が過般『修身教授法』と曰ふ、懸賞論文を募りしに、其の応募者の総ては、皆小学校教育者にして、其の九分九厘までは、宗教的修身教育の有害なるを痛論せるものなり」という実態を報告していた(14)。ところが一九〇八年に入ると宗教に対する姿勢は微妙に変化し始める。この年五月の社説「我国体と世界的宗教」は、

凡そ国体は其国主権者の認定を以て最高解決とすること勿論なれば、仏教信者となり給ひし天皇ある我国体は、仏教と衝突せざるものなりしこと明かなり。（中略）既に仏教を認容したる我国体は、基督教の神髄を認容するに於て、更に何等の支障あるを看ず(15)。

と述べて、宗教が国体思想と対立しないとの見解を示すに至る。もっとも別の社説においては、国家に超越する権威を仰ぐ宗教は国家体制を相対視する可能性がある点で学校教育への導入に問題があるとも論じていた(16)。七月の社説「我が国の徳育」では「世界何れの国にか、宗教を離れたる倫理教育を以て、吾が国の如く実効を奏したる国かある。これ実に吾が教育の誇りとすべき点」とする一方で、

欧米諸国に於いては、縦令へ学校に於ける道徳教育には、宗教趣味を加へざるも、然も学校以外、即ち寺院教会に於いて、家庭に於いて、将又交際社会に於いて、宗教的道徳教育は施され、又受けられつゝあるなり、（中略）然るに吾が国に於いては、学校以外に、殆ど斯か

る寺院教会なく、家庭及び交際社会に、宗教又は道徳的教訓を与ふるものなく、道徳教育は、実に小学校の専有にして、此の小学校にて施す道徳如何と見れば、一週僅かに二時間を出でず(17)、

といい、諸外国に比べて道徳教育が軽視されている実情にも論及する。そして「道徳教育は、全然欠如すといふを得べし。全体よりして、斯かる不完全なる道徳教育の国は、今の文明国中、何れにか其の儔《ともがら》を求むることを得る」として、日本における道徳教育の不完全さと、それが宗教教育の欠如に起因することを是認している。

『教育時論』の一連の社説には、宗教教育利用に魅力を感じ始めているものの、さりとて学校教育に導入した場合、国家主義教育に及ぼす弊害も考えられ、何とか宗教側から自主的「閣外協力」を引き出したいという本音が見え隠れしていた。

宗教教育利用論の勃興　家族国家観にあっては、家長への服従を通じて底辺から国家を支える女性像の浸透が求められ、崇祖意識の涵養は特に女子教育において重視された。このため女子教育者のなかには、一層明確な宗教利用の立場を打ち出す人物も現れた。一九〇八年九月に開催された全国高等女学校会議では、「修身科教授の改良に関する意見」が諮問事項の一つに上げられていた。これへの答申案を起草した委員六名を代表して、説明に当たった三輪田元道（三輪田高等女学校教師）は、「忠孝及祖先崇拝の精神」涵養に基礎をおいた修身科教授の必要性を強調しつつ、そのために宗教教育利用が有効なことを次のように述べている。

近来教育が宗教から独立しようとしてをる、けれ共其内容は共通であって、古来の方法を実行してをるのである、然るに我国では教育が絶対に独立してをって、宗教とは何等の連絡も無い、乍併修徳の工夫といふものは、宗教に於て充分発達してをるのであるからして、多少その形式を採用して、以て修養の資に供するを必要のことゝ信ずる。(18)

同じく起草委員の一人であった長野市高等女学校長・渡邊敏の場合は、民衆の崇祖思想の発揚には仏教が密接に関わらざるを得ないことを率直に認めて次のようにいう。

既に前述の如く、我国民精神の根元は、祖先崇拝の思想である以上、国民教育者たるものゝ、最も力を致すべき要点が、この思想の発達助長にあるべきは、これ勿論明瞭の事である。然るに従来これに関して、一の閑却せられた事が有る、即はち仏壇礼拝の一事である。（中略）政府は家々の仏壇をば何と見るであらうか、仏壇が既に阿弥陀崇拝でも無く、又如来崇拝でも無くして、家々の祖先崇拝の一形式である以上、これは仏教と其形式を等しうするといふまで、矢張りこれまた宗教と関係無く、日本の国民的精神発現の一であると見ねばならぬ。（中略）而して殊に女子は内を守るものであるからして、敬んで其遠祖を祭れる神棚、近祖を安んずる仏壇をば、充分に之を処置し得しめて、一家の内をして、祖先の遺風に満たしめ得るやうに女子を教育することが、女子国民教育者として、至上の要事たりと信ずるのである。(19)

ここで渡邊は伝統的祖先崇拝と融合した仏教信仰の内実は、もはや仏教であって仏教でないという見解を示して、これを積極的に活用する道を切り開こうとするのである。

宗教教育の導入は、第一に教宗派間の対立が学校現場に持ち込まれる点で、第二に国家社会に超越する宗教的権威に道徳の大本を置く点で、体制側にとって受け容れがたい側面を有していた。[20]そこで体制イデオローグらにより、これら問題点をクリアしていく方策が模索されていくこととなる。渡邊の見解は第一の点の克服を企図したものであろうが、仏壇礼拝の容認は他宗教からの批判も想定される。これについては教宗派に依らない通宗教的情操の涵養ならば問題ないという解釈が用意され、天皇制支配体制の動揺が増幅するたびに有力となっていった。[21]他方第二の点に対しては、宗教的教育規制の緩和基調の代価として一層の天皇制イデオロギーへの内面化が求められていった。

自覚ある服従の鼓吹　全国高等女学校会議での参加者の発言は、体制側の主唱する良妻賢母思想のみで、女性に家への従属を甘受させることの困難さを物語るとともに、近代天皇制支配の弱点を補う面における仏教の有用性が認められ始めたことを告げるものでもあった。これより先、村上専精（後に東洋高等女学校を創設、東京帝国大学教授を務める）は、日露戦争中に『女子教育管見』という書を上梓し次のように述べていた。

教育上修身的倫理を講ずるに於て、仏教にあれ、また基督教にあれ、多少宗教を加味するに於て何等の不可もあるべからざることゝ思ふ、啻に不可なきのみならず、却てその効果の著るしきものありと信ぜらる。[22]

ここではキリスト教へのコンプレックスは影をひそめ、体制側に忌憚して宗教教育を自粛する傾向も著しく後退している。しかし反面、体制イデオロギーの内面化は一層加速し、女性に対して家と国への服従を要請する主張も露骨さを増していった。

一九〇四年五月、真宗大学教授の斎藤唯信は『中外日報』に「女子と信仰」という論説を発表し、

男子たるものは大に力を殖産工業に尽くし一家を始め一国の隆盛を図らねはならぬ、（中略）女性は我が家を我家とせす、嫁し夫の家を我家として、夫に事ふるに付ては夫をして内顧の憂なき様室内を初め百事万端家庭を治めねはならぬ、[23]

と述べ、男女の果たすべき役割の相違を強調した上で次のように論じている。

此の如く女子と云ふものは文字の上よりみれば其性質温順にして服従すへきを以て本性とするのであるから、其本性を以て仏教に対したならば如何でありましやうか。（中略）仏智他力の不思議にまかせ、本願の由来を聞信して、往生一決御助け治定の他力の教が最も女子の御方の性質に契ふかの様に存せられます、[24]

女性が自らの役割を全うするには女性の本性たる服従の精神に基づかねばならず、その涵養には仏教、わけても浄土真宗の教えが適しているというのである。そして、こうした論調は家族国家観が形成される明治末年に向けてさらに活発になっていった。特に東本願寺系の婦人向雑誌『家庭講話』にこの傾向は著しく、同誌には「自覚ある服従」を女子に求める論説が数多く見受

けられる。(25)

二　仏教女学校の隆盛

日露開戦前、仏教徒が設立した女学校は一五、六校存在していたが(26)、これに加えて明治末年までの一〇年足らずの間に二〇校ほどが新設されるに至った。以下に本期設立の女学校を仏教教育の実施状況に着目して概観しよう。

高等家政女学校　「高等家政女学校(27)」の設立は、国内外で活発な布教活動を展開していた獅子谷《ししがだに》佛定《ぶつじょう》(28)（浄土宗）が、一九〇三年頃九州巡教の際、

近来の社会風潮―個人主義や唯物思想や無神論の横行する中で、特に若い進歩的な婦人と称するものの間には個人の独立を求むるあまり家庭を破壊し信仰を失うものが多い。こんな具合では我が国古来の良風美俗もやがて跡を絶ち、日本の将来はまことに危いものである。

という一信徒の談話に深く感銘を受けたことに始まる。佛定は帰洛後、早速準備に取りかかり、一〇四年二月には京都府の認可を得て、四月一一日、京都市下京区烏丸松原の仮校舎に開校を遂げた。本科（四年）・研究科（二年）・裁縫科（三年）・裁縫専修科（二年）があり、校長には知恩院執事・吉水賢融が就任した。学科には修身・国語・歴史・地理・数学・理科・図画・家事・裁縫・手芸・音楽・体操があり、本科の場合で半分近くの時間が家事・裁縫に当てられていた。本

校には知恩院から毎月補助金が交付されたほか、恵徳会という後援団体が組織され、内貴前市長が副会長に就任するなど会員には市内の有力者が名を連ねた。この会が主催して毎月一回定期法話会も開催されたようである。[29] この学校は、二四年に高等女学校となり、家政高等女学校と称した。現在は、京都文教大学のほか、短大・高校・中学校・小学校・幼稚園を設置する家政学園に発展している。

東亜精華女学校　京都で慈愛女学校を経営していた東亜仏教会は、一九〇四年五月に本部のあった東京神田にも「東亜精華女学校」を開設した。設置申請書は、同年四月二八日付で東亜仏教会本部代表者・田中弘之より提出された。[30] それによれば、設置目的に「時世ノ進運ニ従ヒ女子ニ須要ナル高等普通教育ヲ施シ円満ナル智徳ノ涵養」を掲げ、科目についても高等女学校に準拠し一般教養に重点をおいた内容としていた。東亜仏教会は設立趣意書において「今日世間の状態を見るに仏法は単に下流社会の玩具なりと誤解し絶て上流人士の心を傾くる者なきが如し是れ誰が過ちぞや」[31] と記していることから、知識人階級に仏教弘通を図るための事業の一環として、女学校設立を企図したものと考えられる。また大内青巒が教頭を務めるなど大物仏教者の協力があったようだが[32]、特別に仏教主義教育がなされた様子はない。〇九年に『教育時論』が報じたところによれば、「東亜女学校は 依然として寂寞」[33] と校勢は振るわず、この記事以降存在を確認する資料は見出せない。

愛知淑徳女学校・愛知淑徳高等女学校　「愛知淑徳女学校」[34] 創立の中心となった吉森梅子は、京都の商家の妻であるとともに、深く仏教に帰依し女性信者として著名な人物でもあった。すでに一八九七年、仏教系婦人雑誌『反省之鏡』に投稿した文のなかで、「女子を教育するに、普通学も必要、職業を授くるも亦必要なりといへども、眼目とする所は、女子の本分とは如何なるものなるやを、教ふるにあり」[35]と述べて、徳育に重点をおいた女子教育の必要性を強調している。そして「さて徳育にも種類多しと雖も、妾の考ふる所によれば、仏教主義の徳育は女子に最も適するものと信ず」といい、仏教主義に基づく徳育女学校設立を切望していた。この願いは一九〇五年になり、名古屋の素封家三輪常七の資金援助を受け実現された。三輪が校主となり、校長には吉森の女婿であり『日出新聞』主筆であった小林清作が就任、四月一五日に県よりの認可を得て開校された。提出された学校規則によれば、「日本主義を以て淑徳を涵養し女子に須要なる高等教育を施す」を目的に掲げ、学科課程は当初より高等女学校に準拠して充実した内容であった。そのため早くも翌年には高等女学校として認可され「愛知淑徳高等女学校」と称し、公立高女に次ぐ地位を確立していった。

校主の三輪が檀家であったことから、度々浄土宗への経営移管の話が持ち上がったが[36]、結局不調に終わり吉森・小林親子の努力により運営が続けられた。特に吉森は舎監として寄宿舎を中心に仏教的精神教育を施すことに尽力したが、その死後は徐々に仏教色が薄れていったようである。なお、現在この学校は、愛知淑徳大学のほか短大・高校・中学を擁する愛知淑徳学園へと発展している。

東洋女学校・東洋高等女学校　『女子教育管見』を著した村上専精は、東京小石川に「東洋女学校」[37]を開設している。一九〇三年一〇月に発表した趣意書には、

夫れ我国古来の徳教たる、近世二百年間、士人以上に在ては、頗る儒教に拠る者ありと雖も、溯りて千数百年間、貴賤上下に通じて、普ねく感化を及ぼせる者を求むれば、其れ唯仏教の一途あるのみ、（中略）是れ固より男女を論ぜずと雖も、女子に於て、尤も更に然るを見る、然れども現今仏教各宗の情態たる、久しく真諦に偏倚して俗諦に疎闊なりしを以て、未に遽かに其要求に応ずること能はざる者に似たり、（中略）我等自ら揣らず此の闕典を補充せん為めに、茲に東洋女学校を設立し（以下略）[38]

と記され、明確に仏教主義に基づく学校の設立を標榜していた。設立には各界の著名人が賛助者として名を連ね、全国各地からの寄附申し出があったほか、曹洞宗・浄土宗なども支援していた。[39]〇五年一月二四日付で認可願を東京府に提出し、翌月認可を得て四月に開校した。願書によると、目的を「本校ハ女子ニ須要ナル高等普通教育ヲ施スニアリ」[40]としており、ことさら仏教主義を明記していないが、教科と別に毎週土曜日には村上校長自身が仏教に基調をおいた講話を行い、また著名な仏教学者も度々招聘された。

〇七年には高等女学校の認可を受けて「東洋高等女学校」と改称した。その翌年に落成した講堂には観音像の拓本が掲げられ、文部省は黙認したようだが、一〇年頃に批判する者があり問題となった。[41]一八九九年の文部省訓令十二号（所謂「宗教教育禁止令」[42]）に抵触する恐れがあると

いうのが批判の趣旨であった。これを聞き憤慨した村上は聖徳太子ならば問題がなかろうと、その肖像画に取り替えている。この学校は、戦後の学制改革で東洋女子高等学校となり今日に至っている。

北海女学校・北海高等女学校　北海道では、東本願寺派が函館大谷女学校（各宗協立による「六和女学校」を一九〇一年に経営移管し、翌年名称変更）を経営していたが、さらに〇六年札幌にも「北海女学校」[43]を設置した。設立計画は一八九九年に札幌を訪れた同派法嗣彰如によって指示されていたが、財源の目処が立たず、また〇二年に道立高等女学校が設置されたため実現に至らずにいた。〇六年彰如が再び来札するとの報を受けて設置の機運が俄かに高まり、初代校長となった清川円誠ら別院関係者の尽力により、道庁の認可を得て同年四月に開校した。当初から高等女学校への昇格を念頭においており、一〇年には道内における最初の私立高等女学校として認可を受け「北海高等女学校」と称した。清川校長には、仏教に基調をおきつつも信仰の強要につながる行為は慎むべきだという考えがあったらしく、仏教教育の場とすることは控えられたようである。なお本校は、現在、札幌大谷短期大学のほか高校・中学・幼稚園を設置する札幌大谷学園に発展している。

函館実践女学校　明治以降、積極的な北海道開教を展開していた東西本願寺派は、女学校についても競い合うように設置を進めた。函館にはすでに東本願寺派経営の函館大谷女学校があったが、一九〇六年八月に西本願寺別院は「函館実践女学校」を設置した。[44]当初は尋常小学校に類する学校であったが、二九（昭和四）年には認可を受けて「函館実践高等女学校」となった。しかし、五年後の大火災で校舎を焼失し廃校となったようである。

筑紫女学校・筑紫高等女学校　「筑紫高等女学校」[45]の設立者・水月哲英は、西本願寺派北米開教総長として渡米したが、病のためわずか数カ月で帰国することを余儀なくされた。帰国後は郷里の福岡に帰り、第四仏教中学福岡分教場[46]で教鞭を執っていたが、本山の方針により同教場が閉鎖されることとなった。在米での体験から「米国女性の社会的地位が高いことについて、女子教育の進歩がその主因であることを知り、私の将来の事業にあると」考えていた水月は、校地校舎を女学校に転用すべく地元寺院に働きかけ、一九〇七年四月一一日「筑紫女学校」を設立した。さらに一週間後には認可を受けて高等女学校へと改組した。水月は米国女性に範をおく比較的進歩的考え方を持っていたようである。一四（大正三）年『中外日報』の女性記者のインタビューに対して、良妻賢母を支持しつつも、責任・義務を強要するだけではなく権利意識の養成が必要であると述べている[47]。また寄宿舎での礼拝、課外での精神講話などを通じて宗教教育も行われたようである。今日、この学校は、筑紫女学園大学のほか短大・高校・中学・幼稚園を擁する総合学園に発展している。

小樽実践女学校　西本願寺派は、日露開戦の直後より全国各地に婦人会設置を呼びかけ、後方支援態勢の強化を期した。結局のところ、婦人会は国家と教団に従属する団体としての枠組みを脱し得なかったものの、活動の高揚は参与意識と自立心の啓発を促し、戦後はさらなる女性の地位向上を目指して女子教育機関の整備へと、その力を傾けていった。[48] そして、その運動の先頭に立ったのが法主（光瑞）夫人・大谷籌子《かずこ》である。籌子は、一九〇六年の八月から九月にかけて樺太・北海道を巡教し、八月三〇日には小樽仏教婦人会の発会式に臨席して仏教主義女学校の設立を求める訓話を行った。[49] この要請に応えて「小樽実践女学校」[50] は、小樽仏教婦人会の附属事業として〇七年九月八日に開校した。本科・補習科・裁縫専修科の三科を設け、本科の場合で家事・裁縫に約四割の時間が配当されていた。当初は本山からも補助金が交付されていたようだが、〇九年に打ち切られたため経営困難に陥り、一時有力壇徒に譲渡された。二一年「小樽実科高等女学校」となり、二六年に再び小樽別院に経営移管され、翌年に高等女学校に昇格して「小樽双葉高等女学校」と称した。本校は、戦後の学制改革後も存続し、現在は双葉高等学校となっている。

札幌日曜女学校　札幌に東本願寺派が北海女学校を設置したことはすでに述べたが、西本願寺派も、一九〇七年一一月二三日札幌仏教婦人会の附属事業として「札幌日曜女学校」を開設している。[51] 札幌における婦人会は、一八九八年に「仏教の真理に依り婦人の徳性を涵養し傍ら女子に必要なる文芸を授く」ことを目的に「札幌婦人教会」として発足した。同会では毎月第一日曜日午後に法話会が開催され、毎日曜日午前中に裁縫口授・編物・押絵・茶の湯・生花・女礼式・唱歌が教授された。[52] 本校はこの事業を発展拡充させたものであった。一七（大正六）年には札幌成美女学校と合併して「本願寺成美女学校」と称したが、後に経営は西本願寺派の手を離れていったようである。[53]

山梨実科女学校　山梨県では、一九〇八年一月東山梨郡各宗護法会が日下部村法蔵寺内に裁縫講習会を開き、同年一一月七日に認可を得て「山梨実科女学校[54]」を設立した。教科は裁縫を主として修身・地理・歴史・国語・手芸・生花・茶の湯などがあった。一三年一一月一五日付『中外日報』によれば、村上専精の教えを受けた東本願寺派円成寺住職の泉静真が主幹を務め、倫理教育には仏教主義を採用していたという。本校は三三（昭和八）年に廃止された。

進徳女学校・進徳実科女学校　広島では、一九〇七年八月頃から永井龍潤（西本願寺派正善坊住職）が私立仏教実科女学校の設置を企図し県内篤志家に寄附を募っていた。この計画は、〇八年二月一四日認可を経て、四月一四日に「進徳女学校[55]」として市内誓願寺に実現した。翌年千田町に校舎を新築移転し、一一年に実科女学校としての認可を得て「進徳実科女学校」と改称した。本校は、二一（大正一〇）年に進徳高等女学校となり、現在は進徳女子高等学校となっている。

成田山女学校・成田高等女学校　「成田山女学校[56]」は成田山新勝寺の事業として、一九〇八年四月に開校した。当時千葉県下には高等女学校が一校しかなく、北総地域の女子教育振興のため行政側も支援したようである。一一年一月には新勝寺住職石川照勤より高等女学校設立の申請がなされ、翌月の認可を経て「成田高等女学校」と改称した。県では最初の私立高等女学校であった。その翌年発行の『教育学術界』は「高等女学校も施行規則に基付いて居るので、校主が宗教家だからと言って、別に宗教教授もやらねば、祈禱もやらぬ。普通の女学校である[57]」と報告している。この学校は、戦後の学制改革で同じく新勝寺設立の成田中学と合併して、成田高等学校となった。

済美女学校　山口県吉備郡大昌寺（曹洞宗）の住職・高野大祐は、近在の女子が高等女学校に入学の意思があるにもかかわらず、遠隔地にあるため断念せざるを得ないのを遺憾に思い、一九〇六年より一、二カ月間の普通裁縫講習会を開いていた。〇九年三月に至ってこの事業を発展させ、認可を得て開校したのが「済美女学校(58)」である。その後一七（大正六）年には実科高等女学校となり、翌年村立に経営が移管された。

大谷裁縫女学校・大谷女学校　婦人会の事業として女学校を経営する事例は東本願寺派でもみられた。同派浄雲寺住職の左藤了秀が中心となり、一九〇六年四月に組織された婦人法話会大阪支部は、「大谷裁縫女学校(59)」を難波別院に設置し、〇九年四月四日に開校式を挙行した。同校規則によれば、「本校ハ婦徳ヲ涵養シ裁縫其他女子ニ須要ナル実用ノ知識技能ヲ授クルヲ目的」としており、学科は修身・裁縫・国語・家事で一週三六時間の内の三一時間が裁縫に充てられていた。一一年には高等女学校に準拠して学科を更改し「大谷女学校」と改称、法主夫人を校長に迎えた。訓令十二号による宗教教育禁止の適用外の各種学校であったことを生かして、盛んに宗教教育が施されたようである(60)。毎日の朝礼は別院本堂等で正信偈などが読誦され、週一回左藤了秀により宗教講話も行われた。一六年に実質的な経営者である左藤が校長となり、法主夫人は名誉顧問となった。現在は、大谷女子大学のほか高校・中学・幼稚園を設置する大谷学園となっている。

新庄女学校　広島県山県郡新庄村では、西本願寺派の崇徳教社社員らが一九〇九年五月三日に「新庄女学校(61)」を設置した。前年に当地の日野山城主であった吉川元春に対し正三位追贈の沙汰があったことを記念した事業であり、地域社会の人材の育成を目的としていた。一五年に本山より寄宿舎に名号が付与され、二七年には仏教専修学院が併設されるなど仏教主義的な教育も行われたようである。この学校は、二〇年に実科高等女学校に改組し、さらに二年後に高等女学校となった。二四年には中学校も併設し、戦後の学制改革で合併され、男女共学の広島県新庄高等学校（中学校付設）となった。

青葉女子手芸学校・京都女子手芸学校　京都市下京区東六条枳殻邸南の浄真寺（東本願寺派）内にあった「青葉女子手芸学校」は、もと京都女子手芸学校（後の京都橘女子学園）の支校として、一九〇三年に六原小学校内に開校した(62)。〇八年本校の経営が財団法人に移行するに伴って分離独立し、翌年その経営を引き受けたのが浄真寺であった。設立申請は〇九年八月に、同寺住職夫人・浅井藤枝より京都府に提出されており、校舎を境内地に移して九月に開校した(63)。翌年再び名称を「京都女子手芸学校」に復したが、生徒はわずか一六名に過ぎず、二二年に西九条の京都女子高等学院内に移転し、浄真寺との関係も途絶したようである(64)。

奈良女学館・奈良女学校　一九一〇年五月三日、奈良市内各宗寺院は中院町極楽院にあった東本願寺説教所内に「奈良女学館」を開設し(65)、同月一六日には認可を得て「奈良女学校」と改めた(66)。一五年度の『奈良県学事年報』によると、修業二年制で生徒は五五名であった。校舎が東本願寺派説教所内にあったため、徐々に同派の単独経営となっていったようである。校長は代々に奈良教務所長が務めたようであり、通称では奈良大谷女学校とも言われ(67)、正信偈の読誦など日常的に宗教教育も施されたようである。[68]しかし昭和の初めには、他の女子教育機関が整備され廃止された。[69]

金沢女学校・金沢高等女学校　一九一〇年には金沢でも、東本願寺派の婦人法話会金沢支部[70]が、経営難に陥っていた「金沢女学校」[71]の経営に乗り出している。当地には真宗信者が多いこともあり、修身科でも仏教講話がなされ、さらに寄宿舎に仏壇を設け別院参拝などの宗教行事を行う計画もあった。[72]しかし一二年に高等女学校に昇格を果たすと県立への移管案が浮上し、翌年に県立第二高等女学校となった。

京都高等女学校　「京都高等女学校」は矢部善蔵という人物により一九〇七年に設立されたが、当時京都には中小の女子中等教育機関が数多く存立し間もなく経営難に陥った。一方、同年全国の西本願寺派仏教婦人会を統括するため組織された仏教婦人会連合本部は、大谷籌子総裁を中心に女子大学設立計画を推進しつつあり、一〇年に至って女子大学設立の足がかりとしてこの学校の経営を受け継いだ。同時に甲斐駒蔵・和里子夫妻の経営する文中女学校も吸収合併している。[73]今日この学校は、京都女子大学のほか短大・高校・中学・小学校・幼稚園を設置する総合女子学園に発展している。

華頂女学院　浄土宗知恩院はすでに高等家政女学校を京都に開校していたが、さらに宗祖七〇〇回忌を記念して将来一の理想的女子大学を興すべく、一九一一年七月、知恩院地内の旧五教校校舎を利用し「華頂女学院」を設置した。[74]しかし、明治末年における女子高等教育機関設立の気運の後退に伴い[75]事業は停滞し、一四年頃には高等家政女学校との合併案さえ起こった[76]。結局合併案は不調に終わり、翌一五年に実科女学校の認可を受けて存続することとなった。本校の宗教教育について、一四年の『中外日報』は次のように報告している。

毎月廿五日知恩院の祖廟に学生一般が参拝し、又一学期に一回位知恩院から僧侶が来て一般に法話をすると云ふことが云はゞ宗教的だと云はれよう。学科として又規則として別に何等宗教的のものもない、但し寄宿舎の生徒には自由に委かせて別室に有る仏壇に朝夕参拝させて居るが大体洩るゝものはないそうである[77]。

その後、一九年には高等女学校への昇格を果たし、現在は短大・高校・中学・幼稚園を設置する華頂学園に発展している。

その他　仏教徒による看護婦養成学校は、東本願寺派の京華看病婦学校（京都・一八九三年設立）・桜花義会看病婦学校（愛知・一九〇三年設立）、西本願寺派の本願寺看護婦養成所（京都・一八九八年設立）などがすでに存在していたが、浄土宗も〇六年に「華頂看護婦学校」を京都に設立した。しかし両本願寺の学校と競合し、数年しか存続しなかったようである[78]。

私塾に類する教育機関はさらにあったと考えられる。西本願寺派の場合では、開導女学校[79]（広島県）・筒井裁縫学園[80]（滋賀県）・大島仏教会附属淑徳会[81]（鹿児島）などの存在を確認し得る。この他、〇九年設立の「福岡高等裁縫研究所[82]」・一〇年設立の「岩国裁縫女学校[83]」などが仏教精神を建学理念に掲げていたようである。

三　仏教女子教育の体制化

仏教教育の高揚　女子教育がキリスト教の独壇場となっていた状況下において、仏教徒経営の女学校は国家主義・国粋主義的な教育を行う反キリスト教の拠点として設立される傾向が強く、仏教的教育がまったく施されない場合も多かった。ところが日露戦後はこの状況に変化が見られ始めた。開戦の前年、ほぼ全国に公立高等女学校が設置され、キリスト教主義女学校を凌駕し始めると、仏教女学校もこれらに対する独自性を示す必要性に迫られた。また浄土宗・東西本願寺派などが、教団の事業として女学校経営へ支援を開始したこともあり、寄宿舎での礼拝・課外の法話などを通じて、できる限り仏教的教育を実施しようとする気運が助長されていった。こうした仏教的教育実施から、仏教の弘通に寄与しようとする姿勢をうかがうことは可能であるが、仏教の原理的立場に立脚した人間（女性）像が追求されたとは言い難い。むしろ伝統的教化力を体制イデオロギーの浸透のために駆使することに気をとられ、仏教主義的教育理念の構築は一層閑却されていった。

女性自立意識の高揚　日露戦争前後には、女性の参与意識の高まりを受けて、相対的な女性地位の向上を訴える仏教者もいなかったわけではない。例えば、一九〇七年の柘植秋畝の「真宗坊守論」は次にように述べて、女性の自発性の重要性を主張している。

謂ゆる女子をして唯内助の一方に傾けしめたる東洋流の教育は、進で為さんとする進趣主義にあらずして、退て守らんとする退嬰主義にてありたり、知らず今日の女流は只此内助の一方にて可なるべきや、謂ゆる彼の女学生の活発にして女性らしき柔和しき所の乏しきも感服せるものにあらずと謂、従来女子に尚びたる内輪主義にも亦物足らざる憾あり。(84)

この時期、戦争協力を通じて婦人会運動は活況を呈し、女学校経営に着手する婦人会もあり、後述するように、西本願寺の仏教婦人会の場合は女子大学の設立まで企図していた。しかし女性の地位向上と仏教的立場との関係についての議論の蓄積はなく、女性の社会進出を抑圧する風潮が強まった明治末以降、婦人会経営の女学校は相次いで財政難に陥り教団等に経営が移され、西本願寺仏教婦人会の女子大学設立運動も挫折していった。

四　大正期の仏教女学校

仏教女学校の増設　大正期に入ると、女子の中等教育進学率は飛躍的に向上した。明治末の段階で六万名ほどであった高等女学校の生徒も、昭和の初めには三〇万名を越えるに至った。これに伴い、明治末には、相愛・淑徳（東京）・京都淑女・愛知淑徳・東洋・筑紫・千代田・京都・北海・成田など、一〇校程度であった仏教者設立の高等女学校も順次増加していった。既述の学校のなかでは、華頂・進徳・日出・新庄・函館大谷・桜花・扇城・大谷（大阪）・福井仁愛・家政

（京都）・小樽双葉・函館実践などが、大正から昭和初年にかけて、高等女学校への昇格を果たした。この時期に新たに設立され、高等女学校として認可されたものにも次の学校がある。

▼一九二〇年―宣真高女（大阪府池田市・高野山真言宗）▼二一年―敬愛高女（香川県丸亀市・西本願寺派）、明浄高女（大阪市・日蓮宗）▼二二年―天王寺高女（大阪市・和宗）▼二三年―修徳高女（和歌山市・西山浄土宗）▼二四年―明徳高女（京都市・日蓮宗）、神戸成徳高女（神戸市・西本願寺派）、亀山高女（兵庫県姫路市・西本願寺派）▼二五年―帯広高女（北海道帯広市・東本願寺派）、鶴見高女（横浜市・曹洞宗）、鎮西高女（北九州市・西本願寺派）、安芸高女（広島市・西本願寺派）▼二六年―婦徳高女（広島県安芸郡・西本願寺派）、今治精華高女（愛媛県今治市・真言律宗）、国府台学院高女（千葉県市川市・西本願寺派）、立正高女（東京都・日蓮宗）▼二七年―金沢女子学院藤花高女（金沢市・西本願寺派）、武蔵野女学院高女（東京都・西本願寺派）、西山高女（京都府長岡京市・浄土宗西山派）、稲沢高女（愛知県稲沢市・東本願寺派）、明倫高女（横浜市・真言宗）▼二八年―駒沢高女（東京都・曹洞宗）、中野高女（東京都・真言宗豊山派）▼三〇年―吉田高女（仙台市・各宗共同）▼三二年―立正学園高女（東京都・日蓮宗）

一九三〇（昭和五）年の時点で、全国に七七〇の公私立高等女学校があったなかで、五〇校近くが仏教者の設立によるものであった。(85) こうした高等女学校教育の拡大は、上級学校への志願者を増加させ、また教員養成の需要もあり、高等教育機関の増設をもたらした。仏教系についても、一九二〇年設立の京都女子高等専門学校をはじめとして、千代田女子専門学校（二七年）、相愛女子専門学校（二八年）、大谷女子専門学校（三〇年・大阪・東本願寺派）などが設立された。

宗教教育への期待　大正期は女子教育が拡大しただけでなく、第一次世界大戦後の産業膨張により職業婦人が増加し、女性の社会進出が進展した時代でもある。また欧米の女性解放の思想や活動も紹介され、女性をめぐる問題がさまざまに議論された。こうしたなか、女性を人格として尊重しようとする論調が一層高揚し、相対的な女性の地位向上が求められる傾向にあったことは否めない。しかし、この女性の人格尊重の底流には、女性にその性別役割を自主的に自覚させ、国家や家に従順な主体を確立させるという目的意識が少なからず介在しており、宗教教育は、この自主的な服従の精神を養う手段として徐々に注目を浴びていった。

一九二五（大正一四）年に開催された高等女学校長会議は[86]、文部省の諮問に対し、「婦徳ノ動揺ヲ拒ギ思想ヲ善導スル為ニ凡ソ左ノ各項ニ留意スルノ要アルト認ム」と答申し、その一項目に「宗教的信念ヲ啓発スルニカメ生徒ノ信教ノ便宜ヲ与フコト」を掲げた。答申趣旨を説明した市川源三（東京府立第一高等女学校長）は、自由と服従の関係について「所謂政治上ナドニ謂フ所ノ自由、社会ノ意味ノ自由ト云フモノハ、ソレハ必ズ服従ト云フモノヲ予定シタルモノデアル」と述べた上で、この関係を理解させるには宗教的信念によらねばならないと述べている。そして、こうした自主的な服従という矛盾する観念の涵養に、宗教教育を利用していこうとする傾向は、今次の大戦に向けて一層顕著になっていったのである。

【註】

（1）拙稿「明治初年における文教政策と仏教―特に神官僧侶学校の設置・廃止をめぐって―」（福間光超先生還暦記念『真宗論叢』 永田文昌堂 一九九三年）、「教育勅語成立直前の徳育論争と仏教徒『貧児教育』（『龍谷史壇』一〇五号 一九九六年一月）。

（2）この傾向は、特に日清戦争後に顕著にあらわれ始めた（拙稿「日清戦争後宗教の動向―戦後世論と宗教家懇談会をめぐって―」（『佛教史研究』三四号 一九九八年四月）。

（3）「松本高等女学校に於ける宗教問題」（一九〇一年九月一三日付『教学報知』）。

（4）社説「宗教と教育（牧野文部大臣の演説を評す）」（一九〇六年六月四日付『浄土教報』）。

（5）河上肇「日本独特の国家主義」（『中央公論』三六年三号 一九一一年三月）。

（6）近代日本の精神的支柱としていち早く武士道に着眼したのは、一八九九年海外で"Bushido, the Soul of Japan"を出版した新渡戸稲造である。一方国内では、井上哲次郎が一九〇一年頃から武士道に論及していた（『巽軒論文二集』一九〇一年など）が、本格的に世論にとりあげ始められるのは、戦時中「戦時の教育談（三）武士道の発揮」（一九〇四年五月三日付『日本』）以降である。井上は戦後もたびたび武士道精神を鼓吹する論文を発表しており、これに同調する所論は一九〇五年一二月刊行の秋山梧庵編『武士道叢論』（博文館）にまとめられている。

（7）高楠は帰国の二カ月後、大日本婦人教育会において「個人主義と家族主義」という演題で講演（一九〇六年四月二日付『婦女新聞』）したのを皮切りに、盛んに家族主義の保存を主張している。『教育時論』七五九号（一九〇六年五月一五日）によれば、この頃同様の主張を成す者が他にも数人いたようである。

（8）高楠順次郎「家族主義と個人主義」（『新公論』二一年一〇号 一九〇六年一〇月）。

（9）（10）高楠順次郎「日本の家族本位と欧州の個人主義」（『新公論』二一年五号 一九〇六年五月）。

（11）井上は、早くも一九〇六年六月に家族制度に日本の長所の根源を見る主張をなしている（「家族制度と個人主義」『東亜之光』一巻二号）。

（12）井上哲次郎「戦後に於ける我邦の宗教如何」（『哲学雑誌』二一巻二三〇・二三一号 一九〇六年五月・六

月）。
(13) 久木幸男「国民道徳論争」（『日本教育論争史録』第一巻　第一法規出版　一九八〇年）。
(14) 社説「条約実施後の教育と宗教と」（『教育時論』四五五号　一八九七年一二月五日）。
(15) 社説「我国体と世界的宗教」（『教育時論』八三〇号　一九〇八年五月五日）。
(16) 社説「牧野文相の演説」（『教育時論』八三二号　一九〇八年五月二五日）。
(17) 社説「我が国の徳育」（『教育時論』八三六号　一九〇八年七月五日）。
(18) 三輪田元道「修身教授改良意見（全国高等女学校長会議第三諮問）」（『教育時論』八四六・八四七号　一九〇八年一〇月一五・二五日）。
(19) 渡邊敏「崇祖思想養成の一端」（『教育時論』八四六号　一九〇八年一〇月一五日）。
(20) 例えば、吉田熊次『我が国民道徳と宗教との関係』一七～二三頁の指摘を参照（敬文書房　一九一二年）。
(21) 通宗教的情操の涵養は、日清戦争後に国体思想との対立を回避する手法として主にキリスト教側から提唱され始めた（拙稿「日清戦争後宗教の動向―戦後世論と宗教家懇談会をめぐって―」『佛教史研究』三四号　一九九八年四月）。また宗教的情操教育が戦前の天皇制支配体制に果たした役割については、山口和孝「『宗教的情操』教育の概念と史的展開」（『季刊科学と思想』三五号　一九八〇年一月）を参照。
(22) 村上専精『女子教育管見』一七〇頁（金港堂書籍　一九〇五年）。
(23)(24) 斎藤唯信「女子と信仰」（一九〇四年五月一八・二〇日付『中外日報』）。
(25) 柏原祐義「自由なる服従」（『家庭講話』一巻八号　一九〇八年八月）、金子大栄「三従の説」（同誌　三巻八号　一九一〇年八月）、赤沼智善「信頼生活」（同誌　三巻九号　一九一〇年九月）など。また、東本願寺婦人法話会発行の雑誌『婦徳』にも同様の主張は多々みられる（大須賀秀道「女性の従順と信仰」『婦徳』二〇編　一九〇九年一〇月　など）。
(26) 本書第Ⅰ部一～三章を参照。
(27) 主に『家政学園創立六十周年記念』（一九六五年）を参照。
(28) 獅子谷佛定の経歴については、大橋俊雄『浄土宗仏家人名辞典』近代篇（東洋文化出版　一九八　年）を参照。

(29)一九〇五年三月八日、一〇月二四日付『中外日報』。

(30)「私立各種学校(明治三七年)」東京都公文書館所蔵。また田中弘之は『東亜の光』という雑誌を発刊しており、本誌に東亜精華女学校の動静を伝える記事を散見することができる。

(31)一九〇一年一月一八日付『明教新誌』他、仏教系新聞・雑誌に掲載された。

(32)一九〇五年三月六月付『婦女新聞』。

(33)「東京女学校の近況」(『教育時論』八八二号　一九〇九年一〇月一五日)。

(34)主に『愛知淑徳学園小史』(一九八五年)を参照。

(35)吉森梅子「徳育女学校設立の必要」(『反省之鏡』二年二号　一八九七年四月一〇日)。また当時吉森は、田島教恵(後に京都淑女学校校長)と共に仏教唱歌の普及にも関わっていた(『少年会誌』三編一号　『婦人会雑誌』一〇八号付録　一八九七年一月)。

(36)「淑徳校の殊勝」(一九一三年五月一八日付『中外日報』)、「浄土宗と名古屋淑徳女学校」(一九一六年八月二二日付『中外日報』)。

(37)主に『東洋女子学園六十年史』(一九六四年)を参照。

(38)前掲書　四~五頁の他、一九〇三年一〇月二二日付『中外日報』にも掲載。

(39)一九〇四年八月二八日付『中外日報』。

(40)「私立各種学校(明治三八年)」(東京都公文書館所蔵)。

(41)「女学校と観音仏」(一九一〇年三月三日付『中外日報』)、および前掲『東洋女子学園六十年史』二七~二九頁。また境野黄洋は、同月九日付『中外日報』に村上と女学校側を擁護する一文を寄稿している。

(42)久木幸男「訓令十二号の思想と現実」(1)(2)(3)(『横浜国立大学教育紀要』一三・一四・一六集一九七三年一〇月、一九七四年一〇月、一九七六年九月)。

(43)主に『東本願寺北海道開教史』(一九四五年)、および『札幌大谷学園七十年史』(一九七七年)を参照。

(44)主に『北海道私学教育史』(一九六三年)、および国立公文書館所蔵「各種学校台帳」を参照。

（45）主に『筑紫女学園五十年史』（一九五七年）を参照。

（46）同教場は、福岡県北西部の西本願寺派寺院により「崇徳教校」として一八八七年一一月に設置され、一九〇〇年一月同派学校条例の発布に伴い「福岡仏教中学」と改称した。〇二年には本山の仏教中学の整理統合計画により佐賀の第五仏教中学に合併されることとなったが、当地寺院の強い要望により、広島の第四仏教中学の分教場として存続されたものである。

（47）一九一四年三月二日付『中外日報』。

（48）本書第II部二章を参照。

（49）籌子の巡教日程は、『仏教婦人会年鑑』（仏教婦人会連合本部　一九三二年）、上原芳太郎『光顔院籌子夫人』（興教書院　一九三五年）を参照。

（50）小樽実践女学校については、『教海一瀾』三八〇号（一九〇七年九月一四日）の記事の他、前掲『北海道私学教育史』を参照。

（51）『教海一瀾』三九二号（一九〇七年一二月七日）。

（52）一八九八年九月一七日付『教学報知』、『少年会誌』四編九号（『婦人雑誌』一二九号付録　一八九八年一〇月）、『婦人雑誌』一三〇号　一八九八年一一月）。

（53）『北海道教育史』全道編四（一九六四年）、国立公文書館所蔵「各種学校台帳」。

（54）主に一九一三年一二月一五日付『中外日報』、山梨県教育会東山梨支会編『東山梨郡誌』（一九一六年）、『山梨県教育百年史』第二巻　大正・昭和前期編（一九七八年）を参照。

（55）『進徳学園九十年史』（一九九八年）、熊田重邦『近代真宗の展開と安芸門徒』（溪水社　一九八三年）、国立公文書館所蔵「各種学校台帳」等を参照。

（56）『千葉県教育百年史』（一九七三年）、『千葉県教育史』第四、第五（一九七九年）を参照。

（57）金桂生「成田の教化事業」（『教育学術界』二四巻五号　一九一二年一月一〇日）。

（58）『吉備郡教育史』（一九一二年）、『山口県教育史』下（一九二五年）を参照。

（59）主に『婦徳』一四号（一九〇九年四月）、『尋源―大谷学園六十年史―』（一九六九年）を参照。

(60)『中外日報』は、大谷女学校が高等女学校に昇格する実力があるにもかかわらず、仏教教育を施すため、あえて各種学校に止まっていることを非難している（「変則を求むる宗教家」一九一一年一二月二二日付『中外日報』）。
(61)前掲『近代真宗の展開と安芸門徒』、日本私立中学高等学校連合会創立四十周年記念誌『私立学校の特色』（一九八七年）を参照。また崇徳教社については、前掲『近代真宗の展開と安芸門徒』、貫名聡「崇徳教社と闡教部」（『藝備地方史研究』三七・三八号）を参照。
(62)一九一〇年二月二七日付『中外日報』、京都教育社編『最新京都学校案内』（カワイ書店　一九二七年）。
(63)「明治四二年私立各種学校」、『明治四三年度京都市学事要覧』（共に京都府総合資料館所蔵）。
(64)前掲『最新京都学校案内』。
(65)一九一〇年四月二四日、五月五日付『中外日報』。
(66)一九一〇年五月一八日付『中外日報』。
(67)『教海一瀾』五一五号（一九一二年六月）、一九一九年五月二四日付『中外日報』、東本願寺派『宗報』二四六号　一九二二年四月）。
(68)一九一七年七月一一日付『中外日報』。
(69)『奈良市史』通史四（一九九五年）によれば、一九二五（大正一四）年までは存在を確認し得る（三六〇頁）が、一九三〇（昭和六）年までに廃校となったようである（四六五頁）。
(70)同支部は一九〇七年三月に発会した（一九〇七年三月一二日付『中外日報』）。
(71)主に一九一〇年一二月二三日付『中外日報』、『金沢市教育史稿』（一九一九年）を参照。
(72)一九一二年一月一〇日付『中外日報』。
(73)本書第Ⅱ部一章、『京都女子学園八十年史』（一九九〇年）。
(74)一九一二年三月四日、七月一日付『中外日報』、『教海一瀾』四八九号（一九一一年五月）。
(75)本書第Ⅱ部二章を参照。
(76)一九一四年二月一日、三月三日付『中外日報』。

(77) 一九一四年七月一四日付『中外日報』。
(78)『京都医事衛生誌』一四五号（一九〇六年四月）。一九〇六年に校長・教員の採用手続きを申請した書類が京都府総合資料館に残されており、一九〇七年三月一四日付『中外日報』にも関連記事の記載がある。しかし、以後存在を示す資料を確認し得ない。また本校は一九〇五年五月に発足した京都有熒看護婦会を発展させた事業のようである（一九〇六年二月一九日付『浄土教報』）。
(79) 一九〇六年一一月二五日付『中外日報』。
(80)(81)『本願寺派社会事業便覧』（一九二六年）。
(82) 後に吉田裁縫女学校・精華高等裁縫女学校などを経て、戦後の学制改革で精華女子高等学校となった（斎藤昭俊編『仏教教育の世界』　溪水社　一九九三年）。
(83) 後に職業学校甲種に昇格し「岩国女子高等技芸学校」と改称、一九四二年に岩国市に経営が移管された（『岩国市史』下）。一九二三年度には、西本願寺派も若干の補助金を交付していた（「東西本願寺の教育」一九二四年一〇月一二日付『中外日報』）。
(84) 柘植秋畝「真宗坊守論」（『三寶叢誌』二八二号　一九〇七年九月二三日）。
(85) 一九三四年に全日本仏教青年会連盟が発行した『日本諸学校に於ける仏教々育の現勢』は、東京の成蹊高女・牛込高女・岩佐高女、佐賀の清和高女なども仏教教育機関に含めている。確かに、これら学校は仏教との多少の関わりがあったようだが、国家側の通宗教的教育の要請が高まった時期に発行されていることを鑑み、本文よりは除外した。
(86)「大正十四年十一月 全国高等女学校長会議要録」（『高等女学校資料集成』第五巻　大空社　一九八九年）。

第II部

第一章　体制的良妻賢母思想の確立過程

良妻賢母思想は一般に明治三〇年代に成立したとされているが、その本格的な確立は明治末年のことである[1]。この時期、良妻賢母思想は家族国家観と結びつくことにより、強固に女性を家父長的家族秩序内に呪縛する機能を果し始めていった。この体制的良妻賢母思想の確立に仏教が大きな役割を果たしたことは第Ⅰ部四章で論じたが、本章では日露戦争から明治末年に至る女子教育論の分析を通じて、さらに詳しくその過程を検討する。

一　問題の所在

近年の研究動向　近代家族史・ジェンダー史研究の目覚ましい進展により、従来「特殊日本的」あるいは「前近代的」と見做されてきた戦前日本の体制イデオロギー諸概念は、「西洋近代化」と類似性を持つものへと、その評価を変えつつある[2]。「『国体観念』に代表される体制イデオロギーの女子教育版」[3]と評価されてきた良妻賢母思想についても、「近代国民国家形成や『近代家族』成立と不可分の思想として」理解することの必要性を指摘した小山静子氏の研究がある。[4]小山氏は、「良妻賢母思想を戦前日本の特殊な女性規範としておさえる」従来の研究を、「過去の特殊性ばかりが強調され、現代とのつながり」を希薄化させるものと批判した上で、「戦後の日本社会や欧米の近代国家における期待される女性像との共通点・連続性をもつ『近代』の思想としてとらえていったほうが、良妻賢母思想に対するもっと豊かな理解に到達できるのではないだろうか」とされる。

西洋近代化の二面性　確かに「西洋近代化」が一方で普遍的人権の尊厳を説きながら、他方で国民国家と資本主義的生産システムを合理化するため性役割分業を正当化するイデオロギーを生み、女性の権利確立を阻害する傾向にあったことは否めない。またそれ故こうした意味での「西洋近代化」と共通する思想傾向が、明治以降日本の良妻賢母思想に現れてくる過程を追うことは、きわめて重要な作業といえる。しかしながら、他ならぬ「西洋近代化」こそが、性役割分業を正当化するイデオロギーを生み出したと同時に、性役割分業概念を相対化し、封印された女性の権利を解き放っていく普遍的人権の理念を提示したことも軽視すべきではないと考えられる。[5]むろん、それへの意識化は二〇世紀も後半になってようやく明瞭になってきたものであり、今日においても、性役割分業の問題を乗り越えていく明確な道筋をわれわれは完全に手にしているわけではない。しかし少なくとも性役割分業に対する問題性の認識は「西洋近代化」の過程で準備され、徐々に顕在化してきたものとみるべきであり、したがって「西洋近代化」の把握は単に性役割分業の正当化の動向だけではなく、これを相対化する契機との葛藤・緊張関係においてなされるべきであると考えられる。

良妻賢母思想の日本的特殊性　それでは翻って近代日本の場合、性役割分業相対化の契機はどのように胚胎しつつあったであろうか。この点に着眼するとき、やはり近代日本に良妻賢母思想の果たした役割の特殊性は否定し得ないように思う。なるほど、ある程度まで良妻賢母規範を相対視するタイプの良妻賢母思想の発展を、民間の女子教育論にたどることは可能である。しかしながら、近代天皇制国家の主唱した体制的良妻賢母思想は、近代的性別役割論の摂取とともに伝統的良妻賢母観の温存利用を通じて、民衆のなかに芽生えつつあった良妻賢母規範相対化の契機をことごとく圧殺し、強固にその絶対性を保持してきたのであり、この歴史的事実は決して過小評価されるべきものではないと考えられる。

二　女子職業教育論の盛行

日露戦争に伴う変化　良妻賢母主義は、日清・日露戦間期に政府により女子中等教育機関が整備される過程で、女子教育の中心的理念として盛んに鼓吹されるようになった。その教育理念は近代的性役割分業の国民への浸透を企図したものであり、必ずしも女子中等教育を必要と見做さない民衆に対しては、高等女学校の設置意義を「他日中人以上ノ家ニ嫁シ賢母良妻タラシムルノ素養ヲ為スニ在リ[6]」と位置づけることによってその定着を図り、民衆の教育的欲求を呼び起こそうとしていた。それゆえ、この時期に政府の提唱した教育理念は、良縁を求め良妻賢母たることを望む民衆の素朴な願望と大きく乖離するものではなく、むしろいくぶんか啓蒙的色彩さえ帯びるものであったといえるであろう。ところが、日露戦後の国民生活の変化と女子就学率の飛躍的向上とは、この状況を大きく変化させていく。民衆の教育的欲求も女性の地位向上・社会進出・高等教育などをめぐって多様化し、もはや政府の思惑をこえて良妻賢母規範は大きく相対化の様相を呈し始めるのである。

良妻賢母規範の相対化を誘発した要因として第一に考えるべきは、女性の職業問題である。日露戦争という総力戦の体験は、いやが上でも女性の労働力への注目を集める結果となった。例えば、一九〇四（明治三七）年三月『女鑑』発表の阿多広介の論説は、数十万にものぼる出征兵士の留守家庭の生計を支えるため、その妻の労働の重要性に着目して「一般に女子の職業を奨励するは、必要の事でありますが、殊に今日の戦時に当っては、女子に職業を授くるの急務を感ずる[7]」と述べ、女子教育の必要性を指摘している。女性の労働力は、国家経済の面からも重要視される。県立山口高等女学校長・秦政治郎は、同年一二月『教育時論』において、戦後の日本は世界の一等国としてさらに激しい国際競争に立ち向かわねばならぬであろうから、経済力の強化が重要であり、そのためには女性に適当なる職業を授け生産人たらしめねばならないと論じている[8]。

戦争未亡人の問題　戦争の激化に伴って浮上する戦没者の妻の生計問題は一層深刻であった。これについて、一九〇五年六月『萬朝報』の社説は、

女子教育の主眼たる良妻賢母に就て云へば良妻賢母の学徳あるも、若し一旦緩急に当つて支ふるの実力なくんば思はざる結果を見るに到る、二夫にも見えざるべからざるべし、節操も守る能はざるべし、児女を率ゐて悲境に沈淪せざるべからざるべし、是れ賢母良妻たるものは又た実力をも備へざるべからざる所以なり、而して其の実力は女子教育に於て養ふの外なし、今の時は今の時に応ずる素養を要するが故に、今日以後の賢母良妻を養成せんとする女子教育は此点に就て一考せざるべからず、（中略）実業教育は啻に独立の為めのみに止らず、賢母良妻を養ふ上にも亦今日以後の要素なれば也。(9)

といい、良妻賢母主義教育に職業教育を付加することによって、多数の戦争未亡人の輩出に対処すべきとしている。

資本主義経済の進展　女子職業教育の必要性は、単に未亡人対策にとどまる問題ではなかった。一九〇五年一一月『教育学術界』掲載の論文で、宮田脩は「現代に於ける女子一般の思想は、生存的実際的思想から出立せる実用的教育の必要を感じて居る」と論断し、こうした傾向の生じてきた理由を、女子が独立した人格としての自覚を持ち始めたことを指摘しつつ、国民生活の変化にも論及して次のように述べる。

明治以来驚くべき急速の度を以て、年々に増加しつゝある人口の増殖と、有形無形に影響を

来す、海外新進の事物の輸入とが産み出せる、物価の騰貴と賃銀の下落と且つまた奢侈の風俗とは、事実に於て個人経済の上に、尠らぬ逼迫の影響を与へた。（中略）既に其一身をさへ支へ難きの時、如何にして妻女を迎へ、是をして餓へしめざることが出来やうか、況や子女をや。此に於てか男子が其妻を迎ふる時期、自然に遷延せざるを得ない。（中略）男子の独身期が遷延すると等しく、女子の独身期も遷延し、従ッて独立自営の計をなさねばならぬ。かくて此「ヂレンマ」にかゝッた今の女子及び其父兄は、この何れなるにせよ、先づ自己の将来に省み、自立独身の資本たる、実用教育を授くるの必要を感得するに至ッた。是が今の一般の女子に生存主義の道徳思想を悟得させた理由の二つである。[10]

宮田は、生活難による男性独身者の増加が、女子職業教育に対する民衆の要望を高めた要因とみているのであるが、一九一〇年一一月に『婦人問題』を上梓した上杉慎吉になると、西欧の状況も踏まえ、より明確に女性の職業問題を資本主義経済進展に伴う不可避の現象ととらえている。[11]上杉によれば、資本主義経済への移行により「往時に在りては日用品の生産者たりし婦人は男子と共に純粋なる消費者」に変化させたのであり、その結果、家庭における婦人の必要性は減少し独身男性を増加させたとして、

婦人職業問題は、婦人問題の最も重要なるものにして、其の起れるは、家庭に於て、婦人が不用となり、又閑暇となりしに依る。婦人が不用となりて、独身男子増加する時は、結婚することも能はざる婦人は、自ら職業を求めて、自活の途を講ぜざるべからず。之れ極めて深刻

なる人類問題なり。社会問題なり。

と述べる。さらにこれらの状況は中等社会において言えることであり、下級社会の婦人においては、労働へと駆り立てられる一層過酷な条件があるとして次のようにいう。

経済の変動は、下級の婦人に対して、最も激烈なる影響を与へたり。資本主義の経済組織は、低廉なる労働者を欲す。賃銭の低きに従て、資本の利益大なればなり。而して、資本経済に伴ふ、機械の応用は、労働の方法及び種類を簡易ならしめたり。されば資本家、工場主は賃銭の大に低廉なる、婦人小児を使役するに至れり。絲車を以て紡げる家婦は、相率ゐて紡績工場に入れり。結婚すること能はざる処女、及び家庭に於て不用なる家婦は、機械工場に於て、日夜労働に従事し、得たる所を以て、独立の生活を営まんと試み、又は夫の生活を助け、子女を養育するの費を充てたり。物価の騰貴、殊に家賃の驚くべき騰貴は益々家婦を駆て、工場労働者の列に入らしむるに至り。婦人は百般の種類の労働に従事するに至れり。

このように、女性の職業問題は、戦争未亡人の生計をめぐって世論の注目を集めることとなったが、単に一過性のものではなく、資本主義社会の成熟に伴って一層顕在化していくことが予想される性質のものであった。そこで、女子職業教育問題に対しては、良妻賢母支持論者といえども、何らかの対応を迫られることとなる。対応は大きくいって、①女子職業教育奨励論、②条件付容認論、③否定論の三つに分類できるのであろう。以下にこれらの対応について概観することにする。

女子職業教育奨励論　女子職業教育奨励論ついては、すでにいくつかの論説をとりあげたが、さらに数例を紹介しよう。

良妻賢母は、女子の最も自然の職業であるから、原則としては先づ是が一番良い、然らば女子は此外に仕事を為るの必要は無いかと云へば、そうではない、今日の女子はそれだけの活動を以て満足してはならぬ。（中略）良妻賢母の働きは少なくとも通例女子はせねばならぬが、其外出来れば社会的にも働かねばならぬ。（中略）縦令其職で生活するの必要が無くとも、人として腕に覚のないと云ふことは、其人の品格威厳に関するものである、職業は人生を真面目にするもので、職業のない人は義務の念が薄くて怠惰になり易く、道徳上精神上忌むべき影響を受けるものである。(12)

天は確かに女子に家政を任せり。女子の立脚地は安固なる家庭なり。家庭は実に女子の主として経営する王国なり。（中略）総ての婦人が一家の内治を治むるのみを以て満足するは之を国運の進歩より見て果して良策なりや。余の見る所を以てすれば、中等社会以下、大多数の婦人を挙げて、各々恰好の職業を有するには其国家の幸福と進歩とを促し、又その家庭の平和と繁栄とを醸すこと疑なきが如し。（中略）是を以て高等女学校の教育は一方に職業教育の素地即ち女子の自活の準備を以て一目的と為す覚悟なかるべからず。これは一は日本婦人の短所たる独立心を養成する為にも亦必要なる方法となるを得べし。(13)

これらの立場は、良妻賢母が女性にとっての理想像であることを否定はしないのであるが、家庭内にのみ女性の活動の場を限定する従来の良妻賢母主義では不十分であるとして、積極的に女性の就労を奨励する。むろん結婚をせず独立自営する女性までは推奨しておらず、また性差に基づく男女の役割分担を当然とする立場から、男子と同等の職業教育を認めるものではない。つまり、この立場は女子独立論や男女同権論までは肯定しないという意味で良妻賢母思想の枠を超えるものではないのであるが、戦後における女子職業教育論の盛行が、徐々に良妻賢母規範の存立意義を希薄化させる傾向にあったことも事実である。

一九〇六年六月発表の細川潤次郎の論説「予の良妻賢母説」になると、この傾向は一層顕著になっている。細川は、良妻賢母の概念を従来よりも広義に解釈すべきであるとして、

爰に一つの注意すべき事あり、此良妻賢母といへることを狭隘なる意義に解釈すると、広潤なる意義に解釈すること是なり、狭隘の意義に解釈するときは、婦人の事業の範囲従って狭隘となり、広潤なる意義に解釈するときは、婦人の事業の範囲も亦従ふて広潤となるべし、我輩は固より広潤なる意義に解して婦人の事業の範囲の広潤ならんことを望む者なり、（中略）方広の世に至りては、前日と違ひ、男子の事業の範囲頗る広潤なる如く婦人の事業の範囲も亦甚広潤なり、其中軍人となり、或は官吏となるが如きは男子の専有とも云ふべきことを得べけれど、其他の事業は大抵婦人の従事すべきものにあらざるはなし、農工商の事業の如き、教育事業の如き、慈善事業の如き、文学技芸の如き、苟も其事に習熟して実業家、教育家、慈善家、文学家、技術家と称せらるゝやうになりて而も能く女徳を全くするときは、

我輩の所謂良妻なり、賢母なりにして、広義なる良妻賢母なり[14]、

と論じ、例外としつつも「夫なく子なき人」でも良妻賢母の範疇に入れるべき場合もありうるとさえ述べる。細川の解釈においても、多様な民衆の欲求に対応することによって良妻賢母の裾野を広げ、なお良妻賢母思想を堅持しようとする意図は貫かれている。

ところが、職業教育の積極的奨励は、いくら結婚せずに独立自営する女性を否定しようが、実質的にこれの増加を促しているのと同じことであり、まして細川のように女性の選択肢として独立自営の是認にまで行き着くならば、良妻賢母に固執する意義は著しく減退せざるを得ない。むろん、良妻賢母思想を根底から否定するものは、社会主義者の批判を除くと[15]、当時において余りみることはできないのであるが、従来型の良妻賢母を唯一絶対の規範とする主義に対する手厳しい批判は、職業教育を重視する女子教育者のなかから活発化しつつあった。例えば、東京府第一高等女学校の教諭・市川源三は、〇六年十月から暮れにかけて『教育学術界』に連載した「高等女学校の修身科に就て[16]」で、

今日の大勢は決して良妻賢母主義で満足して居るものではない。教育者の多数は或は満足して居るかも知れぬが、被教育者は決して満足して居らぬ。少なくとも文字通りの良妻賢母は殆んど総ての識者には（教育者側にも被教育者側にも）殆んど信仰されて居られぬ主義方針である。

と述べ、良妻賢母主義がもはや民衆からの支持を得ていない現状を指摘した上で、その根拠とし

て次の点を挙げている。

第四に良妻賢母説は、文字通りに解釈すれば全然婦人の独立自活を排斥する訳になって、主義として狭隘に失すると云はねばならぬ。女子の独立自活と云ふことは動物学上より見たならば、全然不都合かも知れぬが、人間は動物と云ふ点のみより観察すべきものではない。従って事情により本人の嗜好によって独立自活するのも亦国家の為人類の為になるのである。これは決して已むを得ざるに出でたのだと云ふ訳では無い。それ故、場合によっては婦人の独立自活も可なりと云ふことを包含する丈の主義方針でなくてはならぬ。第五に、良妻賢母説は一家の泰平の状態に適合する点ばかりを考へて、一家の逆境の状態に処する方針を示さぬものである。換言すれば、場合によっては夫婦共稼と云ふことも必要であらうし、時によって妻が独で暮しを立てゝ行かねばならぬこともあらうが、全然良妻賢母的にのみ養成されたものでは、この臨機の処置応変の手段はとれまいと思ふ。

このように、女子職業教育奨励論は、良妻賢母を一般的女性にとっての理想像とする点を否定はしないものの、良妻賢母的規範だけでは不十分とみる視点から始まって、徐々に良妻賢母思想・性別役割分業論を相対化する認識を深めつつあったのである。

条件付容認論　この立場は、生活困窮者・特殊才能の保持者などに限定して、独立自営とそのための教育の必要性を認めるのだが、これについても二、三の論者のものを次に引用しよう。

一般女子は成程家庭の女王となるものでしやうが、如何なる女子も是非さうなければならぬと云ふ理由はない、（中略）学芸其他の事業に一身を捧げる人が、男女ともあったからとて驚くに足らぬ、之れを養成する学校があったとて、彼是非難するのは間違ひだろうと思ふのです。(17)

所謂良妻賢母ということが一般の法則（ゼ子ラル、ルール）として決して変るもので無いといふことは明かであります、併ながら又例外も一つ考へなければならぬ、といふは或女子は生来学問又は技芸が好きであるといふやうな事があります。（中略）それとモウ一つ不幸にして不具であるとか、又は容貌が極めてまづいとかいふやうな時には嫁入が少し覚束ない、さう云ふ人は早く何か特別に造花なり刺繡なり裁縫なり専攻して……仮令結婚が出来ないまでも……一生の間自分で暮す丈けの事を仕込んで置かぬければならぬ、どうも早く決心して置かぬと先きに行って困るのであります、さう云う人の為には独立といふことが必要であります、良妻賢母ばかりぢやない。(18)

この立場はさきの職業教育奨励論とは異なって、女性労働者を良妻賢母に対する例外的存在として容認するものであり、良妻賢母と女性労働者とは明確に線引きされている。このため前述の細川に見られるような良妻賢母をめぐる解釈の混乱は生じ難いといえる。ところが、例外者の容認は、裏返せば良妻賢母という規範が必ずしも万人に強制しうるものでないことを是認するものであり、この点で条件付容認論にも、すでに良妻賢母主義の相対化現象は見られるのである。しかも例外者の比重の肥大化は、ますます良妻賢母の意義を希薄化していくことになるのであるが、例外者に対して職業教育を授けることは、かえって例外者の増加に手を貸すという論理的に矛盾した措置を採ることを意味しているのである。したがって、この立場は良妻賢母堅持の姿勢を明確にしようとすれば、例外者の増加に歯止めをかけようとして、次に掲げる第三の女子職業教育否定論の論調に近似していく可能性も内包していた[19]。

女子職業教育否定論　女子職業問題へのもう一つの対応は、良妻賢母を女性にとっての絶対的規範、女性労働者を女性本来の姿に反するものと位置づけ、女子職業教育の必要性を否定する立場である。この立場を代表するものとして、東京高等師範学校教授・溝淵進馬の論説の一節を以下に引用しよう。

一家の主婦として家政を整理し、夫をして内顧の憂なからしめ、又、母として小供を教育するのが、婦人の天職である、女子教育は婦人に此天職を遂行する能力を附与することを以て、其目的とせねばならぬ。即ち、女子教育に於ては、良妻賢母主義を取るべきである。（中略）元来女子の独立と云ふことは、種々の事情の為に結婚することが出来ざるより、即ち、止むことを得ずして起ることであッて、決して奨励すべきことではない[20]。

女子職業教育否定論者にとっても、広範囲に輩出されつつある女性労働者の存在を無視することはできない。そこで、条件付容認論者と同様に、その存在を例外的と位置づけ認知する。ただ前者がこの例外者を支援するための措置の必要性を認めているのに対し、後者は例外者の増加を抑制するためにも、必要な措置を講ずることを拒否するのである。良妻賢母を女性にとっての絶対的規範とする従来的な立場からいえば、否定論は当然の対応と言い得るであろう。しかしその主張は、職業教育を望む民衆の欲求から見れば大きくかけ離れたものであり、非現実的なものであった。それゆえ、良妻賢母主義者にとっても、良妻賢母を女性一般の理想像とする原則を保持しうるのであれば、段階的に例外的独立女性を容認していった方が、良妻賢母思想を近代社会に堅持していく上での次善の策であった(21)。

文部省の見解　それでは、こうした女子職業教育論の盛行に対して、文部省の側は、どのような展望をもっていたのであろうか。まず一九〇六年四月の牧野文相の地方官会議での演説をとりあげよう。この演説で牧野は、良妻賢母を女性にとっての本来的姿、独立して生活する女性を例外的存在と位置づけて次のようにいう。

女子の教育は其の本分なる、良妻賢母を作るにあり。然るに動もすれば、女子に教育学問の必要なることを誤解して、女子も男子と同じく、学問によりて、社会に立ち、独立の事業をなすを最上の目的と心得るものあり、女子も特別の事情あるものは例外なるも、一般の本分としては、人の妻となりて、家政を司り、或は子女を養成することは古今、東西同じ(22)、

そして例外者に対する職業教育の必要性については、

欧米諸国にては、生活の程度高まりたる結果として、婚姻し能はざる子女多きを来せり、此等の女が独立して、生活する専門の職業を求むる有様となり、又教育普及と共に学問技芸を以て世に立つ例外者も出たり、

といい、例外者に対し積極的に職業教育を授けている欧米諸国の実情にふれつつも、わが国には「此の事情なき所」と述べる。牧野演説の意図は、時期尚早ということで職業教育を望む国民の要望をかわそうという点にあったともいえるが、一方では「余は一概に女子に技芸職業を教ふるを非認するものにあらず、婚姻を妨げず、又婚姻後従事し得べき技芸職業を授くるは必要なり」とも述べ、婚姻に障害のない範囲での職業教育については必要性を認めている。しかし、いくら婚姻に障害のない職業教育といっても、その教育を受けた女子が独身を通すことになれば、女性の独立を容認しているのと同じ結果とならざるを得ない。

要するに、牧野は女子職業教育の必要性を否認する原則を示しつつも、一方でその原則を崩しかねない線まで民意に迎合する姿勢も覗かせているのだが、こうした首尾一貫しない主張の背景には、職業教育に対する国民の要望が無視することができないまで拡がっていたことと共に、文部省内部の事情も影響していた。というのも当時の文部省は、初等教育の就学率の飛躍的向上により小学校教員の不足に苦慮していた。〇七年九月に開かれた大日本教育団の例会でも「国家は男教員を十分に待遇するの資力なきを以て女教員を採用すべきの要あり[23]」という事項を掲げ、人件費の抑制のために女性教員の採用を大幅に増やすべきことを討議している。これを受けて、翌年一月に白仁普通学務局長も、

女子の専門教育に対する当局の意向は、現任牧野文相が就職以来、再三地方長官に訓示せられたる趣旨に徴して明かなり、世人動もすれば此趣旨を、文部省の女教員採用方針と混同し

て誤解せるものある模様なるも、文部省は国民教育の任に当るべき小学校の女教員に対しては、或は之を制限し或は之に手加減を加ふるが如きこと無く、寧ろ奨励して可成多数の女教員を養成せんとするものなり、[24]

と述べている。また同じ頃、澤柳次官も「男子には職業教育必要なれども、女子には職業教育必要なし」とする一方、女子師範生に対しては「女子の職業として教師位高尚なるものなしと信ず、故に諸子は十分に勉強して、此職に従事されんことを希望す」との教育談を語っている。[25]

このように、文部省は、原則的には職業教育を不要とする従来型の良妻賢母主義路線を表明していたのだが、職業教育を望む民意に加えて教員不足という省内事情もあり、ある程度女子職業教育を認めていかざるをえない状況に直面していたのである。

三　女子高等教育必要論の勃興

諸家の女子高等教育論　日露戦争後は、女子高等教育必要論についても、さまざまな立場の人物によって主張され始めている。次にいくつかの事例を見ていくことにしよう。まず一九〇五年四月『婦女新聞』は、東京女子高等師範学校長・高嶺秀夫の談話を掲載している。ここで高嶺は、同校の志願者が四、五年前に比べ三倍近く増加し、競争倍率も一〇倍を超えている実態にふれた後に、此頃、女子の大学と名乗る私立のものが出来て、年々多数の志願者があるといふことを聞く、これは真に喜ぶべきではあるけれども、国家は、これら私立校に、高等なる女子教育の機関を一任してそれで満足すべきであらうか、或は国家の経営にかゝる高等女子教育の機関を備ふる必要はないであらうか。予は、我が当局が、適当なる方法を講じて、よし俄に大なるものを作り得ずとも、かの私立の校に対する模範位はぜひ示すべきであらうと思ふ。(26)

と述べている。高嶺は、女子高等教育の志願者数の増加という事態に対応して国立の女子高等教育機関の設置を求めているのだが、そこには民間主導で女子高等教育が実施されることに対する懸念が表明されている。同校の教授・町田則文も『教育学術界』発表の「現今の女子教育に関する問題」において、高等女学校卒業生の中により高い教育を望む生徒のある状況を指摘し、女子高等教育機関の必要性を強調している。(27)

当時の女子高等教育必要論は、志願者への対応という消極的理由からばかりでなかった。

日本の国運の進歩と共に女子の任務も多大となって来ました、今日の処では高等教育を受けた女子が広く東洋諸国の女子教育に関係することになって居ります、(中略) さふいふ工合に他国に行って他国の女子迄も教育する任務が日本の女子の負担となって来たのであります、(中略) 第一日本の女子の高等教育は高等女学校に止まるべきではない、高等女学校以上に出でなければならぬのであります、(中略) 女子教育といふものが本当に進んで来ますると今までのやうなことでなくして、帝国大学に這入るやうになって来なければならぬ、(28)

右は、一九〇七年六月に『女鑑』誌が主催して行われた女子教育講演会における井上哲次郎の演説の一節であるが、井上は戦後の植民地経営を強く意識して、国益拡大を担う女性を育成するために帝国大学への入学を推奨している。

さらに大隈重信は、良妻賢母主義教育を徹底するためにも女子高等教育が必要であるとして、

何故に女子には普通教育以上の教育を不要とするのか、良妻賢母は女子教育の目的であるといふが、良妻賢母に高等教育が不要といふのは大なる間違である、夫と同等の知識が無ければ夫を助ける事は出来ぬ、賢母といふも同様で高等の教育無ければ其任を全ふる事が出来ぬ。(中略)日本の文明は外部の軋轢によって進みつゝあるのだ、此度の日露戦争の如きも外部の軋轢の反照に過ぎぬ、日本の文明は世界から見れば如何なる国自慢な者でも幼稚だと云はねばならぬ、然るに欧米が彼の如く女子教育に力を注いで居る今日、独り日本が女子教育を不要とするのは何事である、(29)

と述べており、第一高等学校教授であった速水滉も次のように論じている。

吾人は、将来の日本国民にふさはしい良妻賢母を作らんがためには、今一層女子教育の程度を高める必要があるとおもふ、それで吾人は文部の当局者に向ては、現今の高等女学校の外に一層より高い程度の官立女学校を起さんことと、追々は帝国大学の門戸を開いて女子の聴講をも許されんことゝを希望し、民間の教育家有志家に向うては、女子私立大学の創設に尽力されんことを希望する、良妻賢母主義必ずしも不可ではない。しかし今日唱へらるゝ様な

狭隘な窮屈な教育主義では、将来東西文明を調和して大に世界へ雄飛しようと云ふ国民の母なり妻なりを作ることは甚覚束ない事と信ずる。(30)

このように、すでに日露戦後の世論の趨勢において、女子高等教育は良妻賢母思想と敵対するものとしてではなく、むしろ時流に適した良妻賢母思想を形成していくための必要条件として認識が示されているのであり、帝国主義的国際競争に伍していく上からも、その必要性は重視されていたのである。

文部省の女子高等学校構想　国家の側にとっても、こうした女子高等教育論は、基本的に受け入れ難いものではないはずである。したがって、文部省内部でも女子高等教育機関の設置は検討されつつあり、〇七年一二月五日発行の『教育時論』が報ずるところによると、次のような官立の女子高等学校設置計画もあったようである。

女子高等学校設置　文部省に於ては、現在女子教育最高程度を高等女学校に止め置くは甚だ不可なりとなし、此の際女子大学を設置せんとしたるも、コハ国庫経済その他の理由により他日に譲り、先づ女子高等学校を全国に一校乃至二校を新設せんとの内議起りたるも、これ亦緊急事業多きため急速に遂行を見る能はず、早晩設置する計画となしある由、尚該学校は男子の高等学校程度とし、卒業生は試験の上帝国大学選科へ入学せしめん方針にて、右については帝国大学の有力なる学長、及び教授に於ても異議なきよし。(31)

四　人格尊重主義の潮流

加藤弘之の人格尊重論　女子職業教育・高等教育に対する世論の高揚は、良妻賢母を唯一絶対の規範とする従来型の良妻賢母主義に修正を迫るものであった。そして、この修正は良妻賢母思想の相対化・流動化の傾向を引き起こすとともに、それ自体の解体の可能性さえはらんでいくものであったが、一方では、伝統的良妻賢母規範を近代社会に適した性役割分業論へと改編させるという側面も併せもつものであった。こうした女子職業教育・高等教育と並んで、従来の良妻賢母主義の再編を思想的に推し進めた要素が、人格尊重主義の高揚である。

人格尊重主義は、日清戦争後、国家ための個人犠牲・服従を当然のこととする日本主義などの保守派に対する批判を通じて高揚したものであるが、その批判は盲従の強要では個人の自発性を引き出すことができず、かえって国家権益の拡大にマイナスであるという論調において行われたものであった。このため人格の尊重とはいっても人権意識はきわめて希薄であり、あくまで国権の拡大を大前提として、そのために個人を重視していこうとする動向に根ざすものであった(32)。早い時期にこうした立場からの女性の人格尊重論を展開したものとして、まず一九〇二年七月『教育界』掲載、加藤弘之（哲学者・教育家、東京帝国大学総長などを務める）の「女子教育に於ける所謂良妻賢母に就て」の一節を次に引用しよう。

女子の心得を良妻賢母となることであると云ふことに立てるのは、それは非難のないことである、善いことである、素より西洋でも其意味は十分にある、西洋でもそれを決して悪いことゝせぬのみならず、素より善いことゝして奨励して居る。善いことゝ奨励して居るけれども能く考へて見ると、開化した国に至っては、男子と女子の差別は成るたけ出来る限り減らして仕まって、女子も男子と同様に矢張り社会を形造って居る所の一人の人間であると云ふことになって来た、（中略）女子の生涯の大目的を唯良妻となり賢母となることに定めると、それは唯他人の為の手段となってのみ社会に存在して居ることになる、女子は自分の為でなく他人の為に生活して居る者となってしまう。即ち一は夫の為に一は吾が子の為にということになって仕舞ふ。人間と云ふ者は唯他人の為めの手段となると云ふ筈のものではなかろう、（中略）男女同権と云ふやうに論ずるのは間違ひに相違ない、間違ひに相違ないけれども、女子は全く他人の為めの手段である、夫や子供の為に世話をする者として生れて来たのであると云ふやうな主義を立てるのは、全く開けぬ風俗の残って居るので、甚だ間違ったことであると思ふ。（中略）唯一筋に良妻賢母と云ふが女の唯一の大目的であると云ふ主義になると、唯社会の道具ということになって社会に独立して行くと云ふことは出来ないことになって仕まふ。(33)

こうした良妻賢母主義に対する柔軟な加藤の姿勢は、忠君愛国主義に対する場合とも共通している。一九〇四年度から使用が開始された所謂「国定第一期修身教科書」編集に当初より調査委員として参画していた加藤は、この教科書が「個人的に独立して事業を成功するに必要なる教訓」に重点をおくあまり、忠君愛国の志操を涵養する面が疎かになっているのではないかという批判に対し、[34]〇五年一月『太陽』誌上で次のように答えている。

老輩連は一方に偏重して一方に偏軽と云ふ意見を持って居るやうに我輩は思ふ、忠君愛国の方に偏重にして個人の事業と云ふ方に偏軽であるやうに思ふ、で我輩はさう偏重偏軽と云ふやうに差別があることを認めないのである、忠君愛国は素より最も大切なものであることは信じ居るのであるが、又一方には個人たる人格を持たせる、人格を養ふと云ふことに勉めなければならぬのは又素より大切であると信じて居るのである。（中略）今日の如き万国交際の世の中に在っては斯う云ふ精神を又盛んにして行かねばならぬのである、そうでなければ将来欧米人民と競争して世界に横行すると云ふことは出来ぬのである、（中略）忠君愛国の精神と一個人たる人格を備へると云ふ所の精神と、是は相須って始めて十分に用を成して行くものである、一つが欠くれば十分な事でないのである、忠君愛国を十分に為さんとするには必ず個人たる人格を十分に備へねばば出来ぬのである、又個人たる人格を十分に備へると云ふには忠君愛国の精神と云ふものが十分に無ければ出来ぬのである、[35]

女性が夫・子どものために尽くし国民が国家に服従することのみに、使命を限定して強要するやり方を、独立心・自発性の発達を妨げるものとして批判するのであり、当時の加藤の主張からは、個人の人格尊重をメルクマールとする良妻賢母主義・忠君愛国主義相対化の傾向をみてとることができる。しかし、そこには、日本が近代社会への変貌を遂げて国際競争力をつけるために、最大限に個人の能力を高めなければならないという目的は語られても、国家に先行して人間が生まれながらに持っている権利（自然権）に対しての明確な認識を汲み取ることはできない。このため加藤は、後に個人の自覚重視の趨勢が国体の存立基盤を揺るがせ、国家権益拡大に敵対するものへと進展する危険性を意識するにしたがい、自発的服従を受容させる手段として人格を尊重しているに過ぎないことを曝け出していった(36)。

人格尊重論の高揚　日露戦争前後を境に女子教育論の趨勢は、良妻賢母主義から人格尊重主義への傾斜を強めていくこととなるのだが、さらにいくつかの所論を例示しよう。

良妻賢母も女子教育の目的より派生せし一の目的物に数ふることを得。然れども女子教育の目的は、飽まで育人なり。さるに世の女子高等普通教育を説く者、其目的を解して、良妻賢母に在りと為し、毫も疑問を挿まざるは、実に無智に非れば不注意なりといふべし。余は寧ろ良妻賢母は妻として母として家庭の本務を尽す者に与ふる名辞即ち道徳の或る一片を得たるに過ぎざる者といはん。然りこれ女子の育人より生ずる一の効果のみ(37)。

女子の分業法として、女性の本分として、良妻賢母といふことは結構だ。私も良妻賢母説で女子を教育することが宜いと思ふ。けれ共それは教育者の心得であって、決して其目的として標榜するものじゃないと思ひます。良妻賢母の基には、人間といふ教育が肝腎だろう。人格といふものを養うて行く、さうすれば自然と良妻賢母は出来る。初から良妻賢母の教育といふものは無い筈だ。（中略）女子の教育も男子の教育と同じく、矢張り人格の養成といふものでなければなりません。[38]

人格を修養することを怠って、彼是末を論じたとて、殆んど効能はない訳です。（中略）良妻賢母主義や、束縛主義は、一般に言はゞ間違ひがない主義ですが、決して根本の主義ではないから、或特別の場合、特別の人に当はまるもので、之を一般に持て行くと随分無理が起り、其の無理の為めに苦しむものも出来る訳です。[39]

思ふに女子の女子たるべきは先づ人間たり而して女子たるの自覚が第一義である。所謂賢母良妻は先づ此自覚を経て後に執るべき方針であって、賢母良妻には又何故に賢母良妻たるべきを要するかを自覚せねばならぬ。賢母良妻は普通の女子の執るべき方針ではあるが必らずしも一切の女子に強ゆべき必然的要約ではない、また自覚なき女性達には単に人の母妻であると云ふに過ぎずして決して賢と云ひ良とは称せられぬ、そは唯だ何かなしに社会習慣上人の妻母になったからである、この「何かなし」になった妻母に果して何程の価値があらうか。詮じつむれば賢母良妻説を唱ふ前に余輩は先づ人間と女子たるとの自覚を要求したい。[40]

これら女子教育論は、根本的目的を人格修養におき、良妻賢母養成を二次的あるいは派生的目的と位置づけている点において、良妻賢母主義の流動化・相対化の傾向を顕著にあらわしている。しかも、こうした趨勢のなかから、次に掲げるように良妻賢母思想の欺瞞性に対する批判的認識を深めていくものも出現している。

今の女子教育は主として男子によりて成さる、故に我が儘なる男子は己れの都合のみ図りて女子を道具扱ひにす、これが抑も女子教育に於ける根本の謬り也。（中略）良妻と云ひ賢母と云ふ美しき名も畢竟我が儘なる男子が得手勝手の注文に其の根底を有することを知るを得ん。だまされて良妻となり賢母となり得たるものはまだ福なり、だまさるるには余りに眼の明らかなる一部の女子は、惑はざるを得ず、疑はざるを得ず、煩悶せざるを得ず。[41]

しかし、さきに掲げた所論に共通してみられるように、当時の人格尊重の潮流は、決して女性の天職が良妻賢母にあることを否定するものではない。個人としての自覚なき良妻賢母批判は、自発的良妻賢母の奨励と表裏一体の関係をなしているのであり、女性が自主的にその性役割を内面化するための手段として人格尊重論が採用されるという傾向は、すでに濃厚にあらわれている。それゆえ、根本的目的である人格尊重と派生的目的である良妻賢母とは、次の『女鑑』の論説「女子問題の両主義」が述べるように、容易にその関係を置換させうる可能性を含んでいたともいえるのである。

十数年来女子教育上の主義として、殆んど異論なき賢母良妻主義に対して人格養成の新主義を生じ、今や漸やく賢母良妻主義の壘を摩せんとするに至れり。（中略）されど一歩を退きて思考するときは、人格養成の究極の目的は、尚ほ賢母良妻といふに帰せざるを得る乎、賢母良妻の外に、人格の養成の目的ある乎。（中略）良妻賢母を目的として、之が為に人格養成主義の教育を施さば、謂ゆる大中至正の道たるに庶幾からん歟。余輩は但だ今の人格養成

論者が、良妻賢母を舎きて、別に女子に求めんとするものあるに同意する能はざるのみ。(42)

五　反動的女子教育施策の理念

小松原文相の反動政策　日露戦争後の日本は、近代社会への急速な変貌を遂げていく過程で、女子職業教育・高等教育必要論の盛行、人格尊重主義の潮流を生み、良妻賢母規範を取り巻く思想的情況を大きく変化させていった。その変化とは、良妻賢母を女性にとっての唯一絶対の規範として強要する従来路線に異議を唱え、良妻賢母主義の相対化に向かって大きく踏み出すものであったが、根本的に良妻賢母が女性一般の本来的理想像と見做す点を否定するものではなかった。このことは、良妻賢母思想が矛盾をはらみつつも、近代的諸思潮との共存関係を保つことで、なお近代社会における男女の性役割分担を正当化するものとして存続しうることを物語るものであった。

一方、近代天皇制国家の側も、良妻賢母思想が近代社会に適応したものへと再編をとげていく過程に対し、必ずしも否定的態度を明示しえていたわけでない。しかし、良妻賢母相対化の傾向の延長線上には、社会主義者らの良妻賢母批判と結合する可能性もありうることを視野に入れると、強い警戒心を抱かざるをえなかったと考えられる。こうして一九〇八年七月、社会主義抑制と国民道義の養成を重要なスローガンに掲げ登場する第二次桂内閣の小松原文相によって、良妻賢母主義の相対化に歯止めをかけようとする反動的女子教育施策が本格的に実施されることとなった。小松原文相は、就任間もない九月に開催された全国高等女学校長会議において、「殊に家族制度を以て成れる我国に於ては、女子の為に我国情に適切なる教育を施し、以て健全なる家庭の発達を企図するは最重要なりとす[43]」といい、家族制度の維持を国家体制安定のための最重要課題と位置づけ、伝統的良妻賢母主義への復古路線を明確に打ち出していった。

家族国家観の形成　体制的良妻賢母思想の確立にふれる前に、小松原文相をして「家族制度を以て成れる我国」とまで言わしめた日露戦争後の思想情況を簡単に整理しておこう。日露戦争という未曾有の国難に直面した戦時下にあって、欧米の強国ロシアに対抗して日本に勝利をもたらしうるものとは一体何であるかということは国民的関心事であったが、物量に劣るとみられる日本にとって、それは基本的に国民を統合して戦争に駆り立てていく精神的支柱に求めざるをえなかった。そのなか戦中に「武士道の精神」をとりあげ、言論界をリードしたのが井上哲次郎である[44]。井上は戦後においても、国民意識の弛緩を引き締め挙国一致体制を持続して軍事人国の道をひた走るために、なお一層「武士道精神」を鼓吹していった。しかし封建期の武士階級に限られた規範である「武士道精神」をもって国民の自負心を納得させ、かつ国民全体に敷衍させていくことには無理があり、世論からもそのアナクロニズムの露骨性ゆえに、多くの批判を受けて後退を余儀なくされる。かわって一九〇六年に入ると、高楠順次郎らにより[45]、西洋の個人本位に対する家族本位こそが日露戦勝利の主たる要因であり、日本の強みであるという意見が提唱される。家族主義は、資本主義社会の進展に伴う諸矛盾の対応に苦慮する政府の側からも、階級対立を緩和し、個人主義の行き過ぎを抑止するものとして支持を受け、やがて国家そのものが戸別家族を総合した「一大家族」であるという家族国家観が形成されるに及んで、井上が企図した国家への自発的服従を促す観念の創成は、一応の完成をみるのである。

ところで、ここで家族主義という場合、基本的に家長制に代表される伝統的家族倫理の温存利用を柱としているのだが、近代的潮流に対しても一定の配慮がなされていたことも看過すべきではない。この点については牟田和恵氏の指摘もあるが[46]、当時の家族制度に関する論説からも指摘し得る。次に掲げるのは、その一例である。

武家時代に於けるやうな絶対的の家族制度を、明治の今日其儘復活しようと云ふことは、不可能と云ふよりも不合理であると言はざるを得ないと思ふ。無論自分は平生から家族主義の美点を認め、長所も感じて居る。故にどうにかして家族主義、即ち家族制度を日本に発達させて置きたいと考へて居るけれども、昔ながらの家族制度では発達出来まい。否、消滅してしまふだらうと思ふのである。そこで自分の主張は改善されたる家族主義とでも言ひたいのであって、所謂家族制度を時勢に適するやう改良しなければならぬ。即ち個人制度を或る程度まで入れて、若し両者の間に調和が出来るならば調和をして、一種の新風潮を作ることが必要であらうと思ふ[47]。

今や我国民に祖先伝来の家といふ観念が極めて薄らいで来て、家といふものを尊重する念が甚だ少なくなり、為めに我国の将来に付て頗る憂ふ可きものがあると思ふのである。此際封建時代に行はれた様な家族制度を其儘ソックリ復活させるといふことは、所謂アナクロニズムの譏を免れないものと思はれるけれども、どうにかして此の家族制度を改善して時勢に適合するようになし、益々之を発展させねばならぬと考へられる。(48)

これらは、伝統的家族制度に対し、国体を底辺から支えるものとしての期待を寄せるのであるが、封建的家族制度そのままの形態で、その保存がなしとげられるとは考えていない。個人主義への趨勢が近代社会に不可避な現象であるとの認識を示した上で、家族制度を改善して、これと調和することを求めているのである。さらに次の井上哲次郎の発言は、あくまで帝国主義的な国民統合の現出を直接に保証する国体・綜合家族制度の護持こそが重要なのであり、個別の家々は、国家と個人とを結ぶ役割を果たし終えさえすれば、もはや消滅しても構わないとしている点で興味深い。

個別家族制度がすっかり消滅してしまったならば、それは綜合家族制度に影響するではなからうか。其辺の研究を要することとなって居るのであります。で個別家族制度は　方面から見ると次第々々に綜合家族制度に呑まれて行くやうな傾向が見える。其為に悉く個別家族制度が消滅するや否やは其れは疑問であるけれども、併し或程度までは確かに綜合家族制度が吸収しつゝあるのであります。家族制度の如何に拘はらず、綜合家族制度だけを確実に永遠に保証し得れば我が国体と云ふものには何等の影響をも来さぬであります。(中略）さうして其の国体といふものは全く彼の綜合家族制度と結付いて成立って居るものであります。尤も個別家族制度といふものが果して綜合家族制度に、何等の影響を及ぼさぬものならば、是れは総て其れに呑まれてしまっても差支ない。が其辺はどういふものであるか。それはまだ頗る研究すべき余地があるやうに思はれる。(49)

ここで井上は、家の重視が個人を国家のために動員するための道具に過ぎないという本音を、あまりに露骨に吐露しているのである。つまり形成期の「家族国家」観は、近代天皇制支配を国民に甘受させるためには前近代的家族主義であれ、近代的個人主義であれ、無節操にいわば「無限抱擁(50)」して利用するという天皇制支配イデオロギーの特質を余すことなく表現するものであり、このことは、同時期に確立する体制的良妻賢母思想についても共通した性質をみることができるのである。

人格尊重論再編の体制的課題　この時期、体制側の主唱した女子教育論が、伝統的良妻賢母規範への復古の傾向を示すものであったことは否定できない。小松原文相も、前述の訓示に続けて次のように述べている。

社会の腐敗と婦徳の危機　社会道徳の維持は女子の力に依ること尠なからず、殊に我国の女子は古来最も婦徳を重んじ、武士道の如きも其一半は、実に女子に由て保持せられたり、然るに近時一部社会の風紀漸く弛緩し、青年女子の間に、動もすれば奢侈柔惰の風を生じ、往々克己修養を努めずして徒に虚栄に馳せ、我国古来の美風将に頽廃せんとする者あるは、

本大臣の憂慮に堪へざる所なり(51)、

前にも述べたように、体制側イデオローグたちが最重要視したのは、日本の国家が皇室を宗家とする「一大家族」をなしているという観念を通じて、近代天皇制支配を国民に甘受させることであった。そして、この観念が個々の家に対する心情を基礎としている意味において、個別家族制度は保存されねばならず、そのために、伝統的家族制度を底辺から支えてきた婦徳・良妻賢母規範が鼓吹されたのは当然のことであった。ところが、単に伝統的規範への復古だけで、近代天皇制支配が貫徹しうるものではない。特に近代社会の進展がもたらす個人主義的な趨勢が不可避な現象である以上、個人主義的趨勢が家族主義を解体していく方向性の回避を図ると同時に、台頭してくる個人自立の意識に対しては強権的に抑圧するばかりでなく、巧妙に取り込んで「家族国家」への帰順を促すものへと転化しなければならない。この意味で、忠君愛国主義・良妻賢母主義の相対化をもたらしてきた人格尊重論を右の目的にそって評価し直すことは、体制的イデオローグにとって重要な課題であった。

上杉慎吉の人格尊重論　上述の課題について、まず明治末に美濃部達吉を批判して「天皇機関説」論争の端緒を開いた上杉慎吉の主張からみていこう。上杉は、婦人問題に関してもいくつかの著書・論文を残しているが、一九一一年一月『太陽』の「婦人問題」では、国家的見地から個人の人格を尊重すべきことを次のように論じている。

如何ほど善美なる法律制度が出来て見ても、一人一人の人間の良知良能が発達して居らなければ、到底予期の目的を達することが出来るものではない、法律を以て何を禁じ何を命ずるも又如何なる制度を設けても、個人が駄目であっては何の効果も挙ぐることが出来るものでない、富国強兵と云ても個人が一人一人に強くなり善くならなければ決して之を期し得るものではない、（中略）一言にして云へば自己の人格を尊重せぬのが百弊の源であって、我が国人に自己の人格の重んずべきことを自覚する風が起らなければ帝国の前途も憂ふべきものであると云ふことを、予は折ある毎に持論として主張して居る(52)。

こうした人格尊重の立場は、上杉の師である穂積八束の「個人が先づ自立して自己の生活を完うし得るにあらざれば、家国の分子として何の用を為すことも出来ないのでありますから、是れは甚だ必要である(53)」という発言とも符合するのだが、女性に対しては一層露骨な形で展開される。

上杉の婦人問題に対する関心は、「西洋の極端なる婦人解放論者の云ふ所を聞くに、其説最も危険にして人をして慄然として戦慄せしむるが如きものがある」と述べるように、女性解放思想の拡がりの抑止に向けられており、そのための対策には防止的態度と改良的態度があるという。防止的態度とは「婚姻の正理を説き母たり妻たる婦人唯一の天分たることを明かにして、解放の思想を絶対的に防止せねばならぬとする」ものである。しかし「我が国婦人の現状は之を以て満足し、毫も『問題』とすべきものがないかと云ふに、然らずして却て甚だ不満足なるものが多いと思ふ、之れ第二の改良的態度を必要とする所以である」、すなわち一方的に女性解放思想を抑圧する態度のみでは所期の目的の達成はおぼつかない。そこで女性をして婦人解放運動へと向かわしめている不満をある程度解消するため、改良的態度が必要であるとして次のように述べる。

一言にして云へば婦人の著しく蔑視せられて居るは事実であると思ふ、婦人も亦自ら重んぜず、男子も亦固より婦人を尊重することを知らず、婦人は恰も劣等の人類の様に其の人格を無視せられ居る、婦人を見るに男子の使用貨物の如く、婦人も亦之を以て甘んじて居るやに見ゆる、之れ社会上百弊の源である、婦人の人格が尊重せらるゝに至らなければ道徳は確立せらるゝ時はあるまい、予は所謂る婦人解放に極力反対すれども、此の如き婦人の現状には深く同情するのである。(54)

ここには、表面上の女性の人格の尊重論にもかかわらず、本来そこに内在するはずの女性の自立や人権を認めていこうとする普遍的志向性は微塵もみることはできない。また井上哲次郎も、女性解放思想の行き過ぎの対策には、強硬な制止策だけでなく女性の地位向上を認め、男女の融和策をとった方が得策であるとあるとして、

それを誤解して家庭の破壊、男子への反抗、放縦生活の奨励などを婦人の自覚の本色と考えるならば非常の間違で危険此上ない。どうかするとさういふ風に崩れて行きたがるものであるから、之を教育の目的と一致させる為には厳しい制止策も効能もない事はなからうと思ふ。然し今後の方針としては寧ろ婦人の地位を次第々々に高めて行くこと、婦人の自覚を軽蔑することなく、寧ろ自覚を誘ふやにせなくてはならぬ。さうして男子に反抗せしむるにならずしてよく男子と調和せしめて、健全なる発達を遂げしむるにある、婦人の或程度或意味の独

立は時勢に伴って次第に必要になって来る。(55)

と論じている。

人格尊重論の変容　婦人解放思想のみならず、社会主義・自然主義思想の国民への波及は、旧来の社会秩序を破壊し、国体の護持を脅かすものであった。しかし、これの阻止は一方的な抑圧と伝統的規範の鼓吹だけで成し遂げられるわけではない。そこで人格尊重論が普遍的人権論へと進展する可能性を封じ、逆にこれの進行を阻止するための手段として明確な位置づけを与えて、体制内に包摂していこうというのである。同時にそれは、次の論にみられるように、日露戦争後に良妻賢母主義の相対化を推進してきた人格尊重主義を逆手にとって、良妻賢母という伝統的規範に女性を内縛する論理へと転化していく過程でもあった。

今日、否将来も斯くあるべき家族制度なる我国の女子は、主婦として一家を治めると云ふことを、最主要なる活動とせなければならぬ。(中略)それ故に主婦として必要なる事項の教授、主婦として必要なる人格の教育の外に、高尚なる学芸を修めしむるとか、若しくは職業的技術を教授するとか云ふことは、女子教育の本来の意味合ではない、云はゞ傍系である、(中略)要するに女子の人格を養成すると云ふことは、上に述べたる心的作用の形式を標準として斉家を目的とする意志を養ふことである、(56)真に字義通り献身的に家庭の為めに尽くして居る日本婦人の犠牲的精神は、あらゆる人間の道徳中、最も神聖なるものといって差支ないであらう。(中略)以上の諸徳は何によって養はれるであらうか。いふまでもなく家族制度の賜物である。女子が結婚して夫の家に入る時、何よりもまづ我意を制し、家風を呑み込み、家族と同化せんとする。その努力が犠牲の精神となり、謙譲、柔順の態度となり、忍耐貞淑の徳となる。（中略）日本家庭は嫁の人格修練場である。此処に人格を完成したる嫁にして、初めて真の人生を語るべく、初めて最高の女徳を具ふる人となる事が出来る。[57]

六　実科女学校に見る職業教育否認の論理

高等女学校に対する批判　人格尊重論から、個人の自立と自己決定を尊重するファクターを欠落させ、その内実を国家繁栄に奉仕する主体確立の問題へとすり替える世論の形成を可能にした要因はさまざまに考えられるであろうが、第一には、近代的自然法思想が充全に摂取されず、このために人権意識が希薄な近代日本の精神的土壌に求めることができよう。そして同時にこの精神的土壌が、女性にあっては、良妻賢母としての自覚の養成以外に女性の人格を完成していく道はありえないという、伝統的女性規範に人格尊重主義を接ぎ木させる論理を生み、良妻賢母規範の相対化進行を強固に阻止する論理を与えてきたと考えられる。

他方、こうした抽象的な議論とは異なり、教育問題とりわけ女子職業教育の場合は、民衆の生活問題に直接的に関わることから、政府はさらに対応に苦慮せざるをえなかった。高等女学校は、その発足時点において「他日中人以上ノ家」に嫁すべき良妻賢母の養成に力点をおき、民衆の教育的欲求を引き出そうとするものであったが、日露戦争後の就学率の飛躍的向上は、この路線を基本的に見直さざるをえない局面を生む。特に就学者の保護者からは、高等女学校を卒業しても期待する階層への婚姻を保証されないことが判明すると、高等女学校の教育内容に対する批判が激しさを増した。

先づ其課程表を見よ、家政学、育児法、割烹、国文漢文、幾何、代数、日本歴史地理、外国歴史地理、音楽、舞踏、美容術、何ぞ其献立表の美なる斯程の素養ある淑女たるもの、如何ぞ田吾作や権兵衛の奥様となり得る者ぞ、少なくとも学士の肩書なくんば、夫にとりて不足なり、（中略）さればとて全国の女学生が悉く百円内外の収入ある学生や実業家の細君となり得べきものにあらず、（中略）高等の学術を修めん、女学校のみにては己が虚栄心を満足せる底の収入を得べくもあらず、女学校も中途半端の人間を作る処に過ぎず、[58]

右は、その一例であり、批判を一言でいえば、高等女学校の教育内容は実用的でないということに尽きるのであるが、教育内容をどのように改善していくかについては大きく二つの方向性が考えられる。一つはあくまで良妻賢母としての実用性のある家事教育に比重をおくべきであるという主張であり、もう一方はすでに述べた職業教育を重視していく方向性である。

政府の実用教育対応　政府は上述の問題に対して、一九〇八年に地域の事情により教科の弾力化を認める内容の高等女学校令施行規則を通牒し、翌年になると、高等女学校とは別に、実用的教育に重点をおいた女学校の設置構想が浮上する。〇九年一〇月『教育時論』は、これに関する某当局者の意見として、次の談話を掲載している。

● 女子教育改善説　現今高等女学校教育の成績兎角面白からざるより、文部省にては針塚服部両視学官をして、これが教科改善案を調査せしめ居る由なるが、これに関する某当局者談は左の如し。

▲現在制度の弊　現今高女卒業生に対する世間の非難は、多くは女子が其卒業後、兎角家庭に実際的ならずして、一家の主婦たるの資格なしと云ふにあるが如し、之素より制度の完全ならざるに依るべきも、亦女子一般の傾向が、在学中兎角ハイカラ的学課に重きを置き、其規定せる実用的学課を軽視するに依る者の如し、蓋し商家にありては普通算盤、簿記の心得も必要なるべく、農家にありては簡易なる農業思想も養成せざるべからず、工業家又工業に関する相当智識を兼具するを要す、されば双方の調和を図り、完全なる主婦を養成せんが為には、現今の高等女学校を二種制に改正する方最も適当なり。

▲二種の高等女学校　其方法に就ては種々あるべしと雖も、一は実科的教育所となし、成るべく以上の如く土地の事情に適応したる学課を、多く加入することを得しめ、一は多少の改善を加へて現在の制度に据置き、普通女子教育所たらしむるにあり、但し此は省内にて議論あるべく、殊に目下の学制改革案とも関連するが故に、其実現せらるるや否は予測し難きも、参考資料として調査を為さしめつゝある次第なり、云々。(59)

この談話の「実科的教育所」構想では、家事教育と職業教育の両方に配慮した内容となっている。実際この頃までは、体制的と目される人物の多くも、特に中流以下の女性・未亡人の生計を支えるため職業教育の必要性を承認する傾向にあった。(60)

「家政女学校」構想　新設の女学校は一九一〇年四月の高等教育会議にも諮問案とされたが、その内容とは職業教育を望む民意にもかかわらず、次のようなものとなっていた。

家政女学校（第一号案）　我邦の女子教育に於て、家政を忽にせず一家を料理するに適当なる女子を養成することの必要なることは、言ふまでもなきことにて、現行の高等女学校の制度の如きも、土地の情況に応じて課程を斟酌することも、出来る様に其余地を存せりと雖も、本案は更に之に一歩を進めんと欲するものなり、而して現行の高等女学校は多く都会の地に設置せられ、多く上流の女子を教育するの風になって居て、且つ地方より留学せざるを得ない有様である、故に中流以下の農村の女子の如きは、為に質朴醇良の美風を失って、地方の生活に適せざる様になる虞がある、因本案は高等女学校に、新たに家政科を置くことを得せしむることとし、或は之を高等小学校に付設することを許し、或は家政科のみの中等女学校の設置を許す等、成るべく簡易便宜の方法によりて、女子教育の普及を図ると共に、各地方の実際に適切なる教育を施さんことを目的としたるのであって、目下女子教育の情況に照して、必要な施設たることを信ず。(61)

ここに至って職業教育への志向性は放棄され、家事実務に重点をおいた家政女学校が構想され

る。というのも、

国家教育の大方針が、実業的の方面に重くして理想的方面に軽いといふことは、決して其当を得た者と観ることが出来ぬ、昔の人の教育は修身斉家治国平天下である。故に家の為国の為に一身を犠牲にするを以て、自分の本分と覚悟した婦人も出来たのであるが、実業的教育の結果としては、決してさういふ人は出来ぬのである。(62)

という中島力造の指摘が端的に示すように、職業教育は、女性に自立を促す可能性を有する点で、天皇制国家の望むところの家や国家に柔順な女性像とは、相容れない性質をもつものであった。しかも、日露戦争後の世論は、商業・農業・工業等さまざまな領域での女性の社会進出を求める傾向にあり(63)、これを野放しにしておけば、良妻賢母規範の相対化が一挙に加速する可能性も考えられた。そこで、政府の側は、職業教育に関する世論の鎮静化を図り、職業教育の範囲を教員養成などの必要最小限にとどめるとともに、体制的女性像のイメージの原型が温存されている農村を、都市・資本経済化の弊害から防御する必要があったのである。

裁縫科重視の意味　新設女学校（高等教育会議の審議過程で「実科女学校」と名称を変更）において最重要視されたのが裁縫教授であった。裁縫科は当時の女性が実際に収入を得るために有効な一つの技能であったことも否定はできないし、その意味では、職業教育を望む民意へもある程度の対応を示すものでもあったといえる。しかし、一方で地域によるカリキュラムの弾力化を謳いながら、裁縫教授のみに実用教育が限定されたのは、裁縫科は最も女児の訓練に適した教科である。兵式体操は男児訓練に対して最もよき機会を与ふると同様に裁縫科は、女児に対する特殊訓練の最も好適なる機会である。裁縫教師は単に技術を伝達すべき人ではない。女児に対して此の家事的教科教授の際努めて訓育の効果を収めねばならぬ。(64)

という茨城女子師範教授・澤正の言葉が、おそらく最もその真意を伝えていると考えられる。つまり、政府は、裁縫教育に民衆の多様な実用教育に対する願望を封じ込めることによって、良妻賢母思想を根底から解体させる可能性を有する職業教育の拡がりを抑制するだけでなく、伝統的女性規範の温存と近代天皇制支配に柔順な女性の訓練を託したのである。

実科女学校の反動的性格　当然のことながら、民衆の要望に適切に対応しようとしない実科女学校構想に対しては、当初から批判がなかったわけではない。(65)例えば、東京府立第三高等女学校教諭の奥寺龍溪は、『教育時論』掲載の「女子高等教育の意義」で、裁縫技術の教授が本来個別指導によるべき教科で一斉教授に向かないこと、公平な採点が困難であることなどの問題点を指摘した上で次のように述べている。

裁縫時数を増したことゝ、全体の時数を七、八時間増した高等女学校で殊更実科といふ名称を附するほどまでもない。何故に明に女子実業学校を起さぬか。生存競争の浪は女子を襲ふて、職業教育を求めつゝある現今の時勢。女子師範ばかりで満足出来ぬ。中学程度の実業学校増進に、考及だならば何ともつかぬ実科高等女学校よりも、単独実業学校の設置は女子の幸福の為めに、必要なるが如く思はれる。或る地方では女子が師範に入学せんか、製糸場に入らんかとまで比較する時勢ではないか。欧米の女子職業教育の現況は、やがて、日本女子の要求して、到達すべき趨勢ではあるまいか。(66)

ところが、実科女学校の設置を分水嶺として、世論における女子職業教育奨励論は、大きく後退することを余儀なくされていった。だからといって、女性が職業に就くことの必要性が決して消滅したわけではない。上杉慎吉が、実科女学校の設置と前後して刊行した『婦人問題』のなかで、資本主義経済の進展に伴い女性が職業に従事するようになることを「自然の勢」と指摘していることは、前にもふれた。それにもかかわらず、上杉は続けて次のようにいう。

理論の道は、婚姻は婦人自然の天職にして、妻たり、母たるは、婦人本来の地位なることを指し、実際の道は婦人の略ぼ半数、少なくとも四分の一は、婚姻以外に生活して、職業に従事することを示せり。(中略)高等女学校に於て、主として職業的教育を与ふべしと為し、又職業的教育を並行せしむべしと云へる主張は、一考を要す。(中略)然れども、職業教育は、少女をして、初めより職工と為し、其の運命を予定して、職業に従事すべきものなし、婚姻を軽し、職業を本分とするの信念を養ひ、結婚の機会を失はしむるに至るやを恐る。思ふに、職業の技能は、必ずしも重要ならず。必ずしも多大の準備の要せず。却て、一般の知能を発達し性情を陶冶し、常識に富み、徳義に篤き良妻賢母の資格を養はば、仮りに結婚の機会を失ひ、職業に従事するに至るも、良好なる職工として遺憾なかるべく、其の地位の高上することも、亦期することを得べしと信ず、(中略)実際、婦人の多数が結婚せざるは、現代社会の欠陥にして、婦人問題は之より起生せり。此の明白なる事実は、之れを認めざるべからず。然れども、其の原因を考察して、之れを療治するの途を講ぜずして、徒らに、婦人を駆て、職業に向はしめんとするは非なり。本来を転倒するものなり。真の婦人の解放は、婦人を職業より解放するに在り。[67]

上杉は、決して女性が職業に従事することを否定はしない。しかし、そのことはさして大きな意義をもつものではない。なぜなら、そもそも否定されようが、奨励されようが、民衆は生活等の必要に迫られれば職業に従事せざるをえないのである。問題なのは、職業に従事することを望み、または就労せざるをえない多数の女性が存在することを認めながら、このために適切な技術・知識を身につける機会を与えないことにある。

女子職業教育を明快に否定する上杉の主張は、当時にあっても極端なものであった。確かに実科女学校設置以降、職業教育の必要性を疑問視する論説は増えつつあったが、体制的と目される人物のなかには、吉田熊次のように[68]、職業教育を女子教育の「変体」としつつも、その必要性を認める意見はあったし、その後、大正期には女子職業教育奨励論は再び大きな盛り上がりをみせる。しかし、その間にあっても政府の基本的方針は変更されることなく、裁縫科重視の実科女学校は存続しつづけるのある。ここには、単に「男は仕事、女は家庭」という近代的な性別役割の分業という論理を超えて、伝統的女性規範の温存利用によって、女性の近代的自我意識の形成を阻もうとする近代天皇制国家の強固な意図を読み取ることができるのではないだろうか。そして、上杉の主張は、こうした近代天皇制国家の意図を露骨に代弁するものであったと考えられるのである。

七　女子高等教育対策の転換

小松原文相の高等教育観　近代天皇制国家の女子教育施策の民意に対する反動的性格は、高等教育についても貫かれている。一九〇七年暮頃までは、民間における女子高等教育に関する世論の高揚を受けて、そのヘゲモニーを国家側が奪取すべく、官立の女子高等教育機関を設置しようとする動きは政府部内にもあった。ところが、翌〇八年七月、文部大臣に就任した小松原は、同年九月の全国高等女学校長会議の席上で次のように訓示している。

> 都会遊学の弊　青年子女が志操未だ堅実ならずして、漫りに都会に遊学し、監督不十分なる宿舎に寄寓し、動もすれば悪友に誘惑せられ陋風に感染し、往々学業を放擲して煩悶自棄し、一生を誤らんとする者あるは、実に憂ふべきなり、されば特別の事情のある者を除きては、漫りに都会に遊学し、高尚の学芸を修むるの必要を認めず、諸君は此に留意し、若し高等女学校を卒業し、尚ほ学芸を修めんとする者あらば、補習科に於て其の必要とする学芸を修得せしむる等、指導其宜しきを得て、以て健全なる教育を施さんことを期すべし。[69]

すなわち、高等女学校教育以上の教育については、その補習科での対応を主張するのであるが、この女子高等教育に対する小松原の否定的発言は、その前月に設置が申請されていた「私立帝国女子大学」を却下するための伏線ということができる。

帝国女子大学の不認可　帝国女子大学の設置構想は[70]、日本女学校を設置した西澤之助が、すでに一九〇二年八月に設立趣意書を発表して、その準備にとりかかっていたものであり、〇五年以降幅広い立場からの賛同者を集め、申請に際しては、渡辺国武（子爵）、東久世通禧（伯爵）などの保守系有力者が創立委員として名を連ねていた。しかし、この申請は同年一二月文部省により不認可とされてしまう。女子大学の設置とはいっても、当時にあっては専門学校令に基づく「女子大学」という名を冠した専門学校設置申請のことであり、不認可の通牒を受けた後、西らは再度「帝国女子専門学校」として申請し認可を受けている。つまり、不認可とされたのは「女子大学」という名を冠することに対してであった[71]。

それでは、文部省が女子大学という名称の使用を認めなかった理由は何処にあったのであろうか。これについて、『教育時論』は次のような某当局者の談話を掲載している。

文部省にては其内容頗る不備にして、殊に其組織等に於て、寧ろ女子補習教育たるの観あるのみならず、其学科目は徒に家庭の文字を冠して新奇を衒ひ、さなきだに近時女流一般の傾向が、往々虚栄に駛するの今日、其内容の整はざるに、表看板のみ大学の好文字を掲げて是等学生を吸収するは、教育界の為に頗る憂ふべきものなりと云ふに決し、拟こそ福原専門局長の名を以て、大学の名称に於ては、認可し難しとの附箋の下に之を却下せし次第なり、尚文部省が此の措置の為に坊間に於ては間々誤聞を伝へ、甚しきは文部当局の方針として、女子の高等教育を嫌忌するが如き流説あるも、右は全くの憶測にして、如何に今日女子一般の風潮が虚栄に駛すればとて、文部省が其高等教育を迄阻碍するの理なく、内外完備せる適当なる学校の設立あるに於ては、仮令大学の名称を附するも、決して其認可を惜しまざるに、今回帝国女子大学の不認可は全く右の次第にて、只其内容の大学たる名称に相伴はざるが為に、却下せし次第なりと、(72)

某当局者は、大学の名称にふさわしい教育内容が伴っていないことを不認可の理由として強調しているのだが、女子大学と呼ぶにふさわしい内容とは一体いかなるものかという点については、まったく論及していない。そして、この点は、申請者側が受理した不認可の通牒においても同様である。しかし、もしこの某当局者のいうように、文部省の側に女子高等教育の発展を阻害するつもりがなく、私立の女子大学の出現を望む意思があるのであれば、この点を明確にする必要があったはずである。

帝国女子大学を認可したならば、否、認可しなかったとしても認可の基準を明確にさえすれば、その基準に則って後に次々と申請がなされ、数校の女子大学が設置されるであろう機運はすでに熟しつつあった。にもかかわらず、不透明かつ恣意的な許認可権限を行使して、民間の女子高等教育必要論の高まりを減殺させるような措置を文部省がとった背景には、職業教育と同様、民間主導により女子高等教育が近代天皇制国家の許容範囲を超える領域にまで進展していくことへの恐れがあったと考えられる。そして、その後も女子大学の設置は基本的に認められることなく、今次大戦の敗戦を迎えることとなるのである。

八　体制的良妻賢母思想の特質

近代社会の進展は、「男は仕事、女は家庭」という理想像を国民意識に浸透させていくのであるが、同時に女性の職業教育・高等教育の機会も不可避に増大させていく傾向をもつものでもあった。こうした機会の増大は、ただちに性役割分業論を根底から突き崩すものではないが、その相対化の現象を引き起こさないわけにはいかない。また、近代的性役割分業論は、女性に対し積極的にその性役割を引き受けようとする意識を啓発させるべく、女性を男性と対等の人格を有するものと措定するのであるが、この男女同等論は、必然的に男女同権論へと発展し、分業論のもつ矛盾に批判的認識を強める可能性を内包するものであった。

日露戦争後の女子教育論は、近代的性役割分業論を基本的に支持しつつも、女子職業教育・高等教育の必要性を認め、女性の人格尊重論を積極的に展開している点で、この分業論を相対化していく契機を顕著にあらわすものであった。ところが明治末年における政府の一連の施策と体制的良妻賢母思想とは、女子職業教育・高等教育の拡がりを抑制し、人格尊重論の内実を伝統的婦徳の実践主体確立の問題に読み替えることによって、分業論の相対化阻止を強固に推進しようというものであった。

【註】

（1）久木幸男「良妻賢母論争」（『日本教育論争史録』第一巻　第一法規出版　一九八〇年）。

（2）例えば、大越愛子『近代日本のジェンダー』（三一書房　一九九七年）一九八〜一九九頁における指摘を参照。

（3）深谷昌志『良妻賢母主義の教育』（黎明書房　一九六六年）。

（4）小山静子『良妻賢母という規範』（勁草書房　一九八一年）。

（5）この意味において、実在する西欧社会を普遍的価値を唯一体現する「準拠国」と見倣すことはできないが、だからこそ、西欧社会の提示した「準拠価値」をどう護り、どう発展させていくかという課題への取り組みが必要であるとする樋口陽一氏の指摘は、示唆に富んだものといえよう（「『準拠国』の崩壊と立憲主義」『思想』八三〇号　一九九三年八月）。

（6）一八九九年四月、地方長官会議における樺山資紀の訓示（『教育時論』五一四号　一八九九年七月二五日）。また、当時の女学生に良妻賢母の意義が、家計に困難のない中流家庭の主婦と同意義に理解されていたことは、一九〇五年五月発行『婦人雑誌』二〇八号掲載の石川県高等女学校生徒に対する意識調査を参照されたい。

（7）阿多広介「軍人婦人の職業に就いて」（『女鑑』一四年七号　一九〇四年三日）。

（8）秦政治郎「日本女子をして国家経済の主婦たらしむべし」（『教育時論』七〇七・七〇八号　九〇四年一二月五・一五日）。

（9）社説「女子問題の一面」（一九〇五年六月一七日付『萬朝報』）。

（10）宮田脩「女子教育上注意すべき一傾向」（『教育学術界』一二巻二号　一九〇五年一一月）。
（11）上杉慎吉『婦人問題』第三章　婦人問題の経済的由来（一九一〇年一一月　三書楼）。
（12）下田次郎『女子教育』第三六章　四、女子に適当なる職業の準備を与ふる事（一九〇四年一二月）。
（13）佐伯俊二「女子高等教育管見」『教育時論』七一四・七一六号（一九〇五年二月一五日・三月五日）。
（14）細川潤次郎「予の良妻賢母説」（『女鑑』一六年七号　一九〇六年六月）。
（15）当時の社会主義者による良妻賢母思想批判としては、阿部磯雄「誤れる女子教育主義」（『新紀元』九号　一九〇六年七月一〇日）、堺利彦「婦人の天職」（『世界婦人』一号　一九〇七年一月一日）などがある。
（16）市川源三「高等女学校の修身科に就て」（『教育学術界』一四巻一〜三号　一九〇六年一〇〜一二月）。
（17）桑木厳翼「女子教育雑感」（『女鑑』一五年五号　一九〇五年五月）。
（18）井上哲次郎「女学生の修養」（『丁酉倫理会倫理講演集』第三四　一九〇五年七月）。
（19）例えば、井上哲次郎の場合、一九一〇年刊行の『女大学研究』では、例外者への対応の強調から大多数の良妻賢母の重視へと、そのスタンスを微妙に変化させている。
（20）溝淵進馬「高等女学校の必須科目に教育を加へ又高等女学校に幼稚園を附設すべし」（『教育学術界』一一巻五号　一九〇五年八月）。この他、村上専精も「女子にして自ら高等の教育を望み、物理・数学・化学・哲学等に通じ、而もその蘊奥を極めんとする者もある。されどそれは例外である。例外の者を以て一般に亘れる多数の標準とする訳には参らぬ。（中略）少数の例外者を顧みず、最大多数の者に就いて教育の方針を取るべきである。」と述べて、女子職業・高等教育を否定している（『女子教育管見』一六二〜一六三頁　金港堂書籍　一九〇五年）。
（21）それゆえ、日露戦争直後には、女子職業教育をあからさまに批判する論説は余り見受けられないが、政府の反動的政策が顕著となる一九一〇年頃からは、後述の上杉慎吉の『婦人問題』、東京女学館主事・大枝美福「女子教育上の疑問」（一九一〇年二月一八日付『婦女新聞』）など活発化しはじめる。
（22）「女子高等教育に就て」（『教育時論』七六五号　一九〇六年七月一五日）。
（23）「女教員採用問題」（『教育時論』八〇八号　一九〇七年九月二五日）。

(24)「白仁局長と教員養成」(『教育時論』八一九号　一九〇八年一月一五日)。
(25)「澤柳次官の女子教育談」(『教育時論』八一九号　一九〇八年一月一五日)。
(26)高嶺秀夫談「女子の高等教育について」(一九〇五年四月一〇日付『婦女新聞』)。
(27)町田則文「現今の女子教育に関する問題」(『教育学術界』一三巻四号　一九〇六年六月)。
(28)井上哲次郎「日本女子の将来」(『女鑑』一七巻八号　一九〇七年八月)。
(29)「大隈伯の女子教育論」(『教育時論』七六四号　一九〇六年七月五日)。
(30)速水滉「女子の高等教育と良妻賢母主義」(『教育学術界』一四巻六号　一九〇七年三月)。
(31)「女子高等学校設置」(『教育時論』八一六号　一九〇七年一二月一五日)。
(32)拙稿「雑誌『日本主義』とその時代―国家と個人の問題について―」(『仏教史研究』三六号　一九九九年三月)参照。
(33)加藤弘之「女子教育に於ける所謂良妻賢母に就て」(『教育界』一巻九号　一九〇二年七月)。
(34)東久世通禧・野村靖・田中不二麿は、「文部省著作小学修身書に関する建言」を文部大臣に提出し、批判を行っている(『教育時論』七〇七号　一九〇四年一二月五日)。
(35)加藤弘之「国定修身教科書の批評に就て」(『太陽』一一巻一号　一九〇五年一月)。
(36)加藤の良妻賢母規範相対化の主張も、一九〇五年頃を境として急速にトーンダウンしている(「女子教育の主義方針」『教育学術界』一一巻四号　一九〇五年七月、『明治女大学』大日本図書　一九〇五年一二月)。
(37)佐伯俊二「女子高等普通教育管見」(『教育時論』七一四・七一六号　一九〇五年二月一五日・三月五日)。
(38)宮田脩「女性と人格の観念」(『丁酉倫理会倫理講演集』第三一　一九〇五年四月)。
(39)桑木厳翼「女子教育雑感」(『女鑑』一五年五号　一九〇五年五月)。
(40)恵美孝三「近時の女性問題」(『時代思潮』一八・一九号　一九〇五年七・八月)。
(41)島中翠湖(寄)「女子教育の根本謬想」(一九〇六年八月二〇日付『婦女新聞』)。
(42)「女子問題の両主義」(『女鑑』一五年九号　一九〇五年九月)。
(43)本書第I部三章の一を参照。引用は『教育時論』五四五号(一九〇八年一〇月五日)による。

(44)(45) 本書第Ⅰ部四章を参照。
(46) 牟田和恵『戦略としての家族―近代日本の国民国家形成と女性』(新曜社 一九九六年)。
(47) 三輪田元道「改善されたる家族主義」(『教育学術界』二二巻四・五号 一九一一年一・二月)。
(48) 深作安文「家族制度に就て」(『教育学術界』二二巻六・七号 一九一一年三・四月)。
(49) 井上哲次郎「我が国体と家族制度」(『東亜の光』六巻九号 一九一一年九月)。
(50) 丸山真男『日本の思想』(岩波新書 一九六一年)。
(51) 前掲註(43)に同じ。
(52) 上杉慎吉「婦人問題」(『太陽』一七巻一号 一九一一年一月)。
(53) 一九〇九年七月の全国中学校会議における発言(『国家学会雑誌』二三巻九号)。
(54) 註(52)に同じ。
(55) 井上哲次郎「婦人の覚醒の意義を誤解する勿れ」(『中央公論』二八巻六号 一九一二年六月)。また、この点について、国定第二期修身教科書を、個人の生存意義・価値を軽視していると批判した藤井健次郎も、独身主義・非婚主義の対策のためには、婦人の家庭における地位を安固にし、経済状況の向上が必要であると述べている(「婦人問題」『東亜の光』七巻二号 一九一二年二月、「婦人問題と家族制度」『太陽』一九巻九号 一九一三年六月)。
(56) 福士末之助「家事科教授に就て」(『教育時論』八四七・八四八号 一九〇八年一〇月二五日・一一月五日)。
(57) 福島春浦「家族制度に養われたる最高の女徳」(一九一二年一二月六日付『婦女新聞』)。
(58) 中野豊州「余が見たる女学生」(『六合雑誌』二九八号 一九〇五年一〇月)。
(59) 「女子教育改善説」(『教育時論』八八二号 一九〇九年一〇月一五日)。
(60) 例えば、菊地大麓「女子教育に就て」(『女鑑』一七年四号 一九〇七年四月)、寺田勇吉「女子教育意見」(『教育時論』七九一・七九二号 一九〇七年四月五・一五日)など、一九〇七年頃までは女子職業教育肯定論が優勢を占めるが、翌年の小松原の文相就任を境として形勢は逆転し、一九一〇年の実科女学校設置により、大きく後退することとなる。

(61)「文相の諮問案説明」(『教育時論』九〇二号　一九一〇年五月五日)。
(62)中島力造「教育時事談」(『教育時論』九二八号　一九一一年一月二五日)。
(63)商業教育については、嘉悦孝子「戦捷と女子商業」(『女鑑』一五年六号　一九〇五年六月)、尾崎行雄「婦人の商業教育を盛んならしむべし」(『活動の日本』二巻五号　一九〇五年六月)、工業教育については、沢村真「女子と職業」(『女鑑』一六年一一号　一九〇六年一〇月)、農業教育については、沢村真「女子教育の欠陥」(『教育時論』八一八号　一九〇八年一月五日)などがある。
(64)三輪田元道「裁縫科の為に一言す」(『教育時論』九二〇号　一九一〇年一一月五日)。
(65)「婦人と職業教育(「東京毎日新聞」の社説)」(『教育時論』九三七号　一九一一年四月二五日)他。
(66)奥寺龍渓「女子高等教育の意義」(『教育時論』九二二・九二三号　一九一〇年一一月二五日・一二月五日)。
(67)前掲註(11)に同じ。
(68)吉田熊次『女子研究』(同文館　一九一一年一一月)。
(69)註(43)に同じ。
(70)帝国女子大学については、『相模女子大学八十年史』(一九八〇年)を参照。なお、本書記載の不認可通牒と同文のものは、東京都立公文書館にも所蔵されている。
(71)「大学」の名を冠することが認められた女子教育機関としては、すでに日本女子大学校があり、帝国女子大学以降では、一九一八年に東京女子大学、一九年に神戸女学院大学部が認可を受けている。また同年申請を行った京都女子大学は不認可となっている(本書第II部二章を参照)。
(72)「女子大学不認可理由」(『教育時論』八五五号　一九〇九年一月一五日)。

第二章　西本願寺仏教婦人会の女子大学設立運動

まぼろしの柱ありけり女あまた命をかけてやすらいよれり（九條武子『無憂華』より）

西本願寺仏教婦人会の女子大学設立運動は、一九一二（明治四五）年三月、前年に急逝した同会総裁・大谷籌子《かずこ》の追慕会に参集した全国各地の婦人会幹部員に対し、九條武子より公表されて始動し、三〇万人を越える会員を動員して行われた。戦前における女子大学設立構想は、着想の段階で終わったものも含めると、おそらく一〇例は下らないであろうが、[1]なかでも女性自身が発起人となり、女性の幅広い協賛を得て設立運動を展開したものとしては、この仏教婦人会の「京都女子大学」構想以外にあまり例をみない。その意味で、この設立運動は、近代日本の女子高等教育黎明期にあって、女子大学設立にこめた女性たちの解放の願いを照射する貴重な事例といえるであろうし、仏教女子教育の天皇制イデオロギーへの埋没状況を乗り越えていく一つの可能性を示すものでもあった。

一　仏教婦人会の興起

転機としての日露戦争　西本願寺教団は日露戦争に際し戦争協力の姿勢を鮮明にして、さまざまな支援活動を展開したが、その重点事項の一つに各地における婦人会活動の奨励があった。仏教者のなかには、キリスト教に比して女性教化の立ち後れを指摘する者もいたが、法主の蓄妾問題などもあり、その論調は男尊女卑的体質が仏教教団に固有のものではなく、日本的・東洋的なものであるという受身的弁明に終始せざるをえなかった。(2) ところが、一九〇三（明治三六）年に光尊法主が死去し、さらに翌年勃発した日露開戦は、教団にとって若い光瑞法主夫人・籌子を先頭に押し立てて積極的な女性信者の組織化を図るまたとないチャンス到来といえた。開戦直後の〇四年二月一〇日、籌子は「門末の婦人達に告ぐ」と題する一文を発した。

こたび露国と交戦の事おこりぬ、古よりかつて我が御国にためしもなき大事にてはへり。はじめより海の戦に戦捷のしらせのみつゞけるはいと喜ばしきことなれど、対手の国は天の下になたゝる強き国なり、土地はひろく民は多し、軍人や艦船の数我にまさりぬ、もし我にあやまてることあらば、御国の亡びんのみかは仏の御教まで破られぬべく、まことに危きことに侍らすや。左は云へ我軍は道のために起り、我軍人は忠義に凝れり神や仏も守らせ給はむ、国人力を戮せ事に当らば何でふ終局の望の遂げられざる理あらん。軍のことはひとり軍人の務ならねば尊き卑しきの区別なく男も女もおしなへて身に相応しき業もて、心のかぎり尽きでやはあるべき。妾をはじめ女の人達は、心はやるも身の輭弱くて、男子の如くあら〳〵しき業に従ひかねれど、亦女には女として相応しき任務あり、心の駒に鞭うちつゝ勇み励みて尽さでやあるべき。況して寺々の坊守達は、其寺門徒の中につき、女の人の先達として、予ねて真俗の御教を共に語らひ勧むべき身にしなれば、妾の言の葉うけ伝へ、自も守り亦人をも誘ひまゐらすべし。

抑も坊守の身としては、とくに安心領解ありて、後の世は阿弥陀ほとけの御袖にすがり、御助一定と信ぜられ、報恩の称名おこたりなきことならむ、斯る不思議の強縁に値へること、祖師善知識の浅からぬ御勧化に由るとはいへ、我が大君の深き御恩沢ありてこそ生々になき幸をば蒙れるものにて侍れ。こたびの大事起りてより。畏くも　大君にては、深く　叡慮を悩まさせられ、国民を思はせ給ふあまり、日として憩はせ給まふ御遑もなしと承はりはべりぬ。また善知識にも、日々にこの事のため、夜の闌るまで務めさせ給へり。左れは門末の人々女童の末までも、此の時に尽さで過ごしなば、何れの時をか待つべき。軍人の身の上をおもへばあるは怒涛のうへに肌を劈かれ、あるは寒天に肉を屠られ、家をも忘れ、命をも捨てゝ、御国のために尽さるゝものを、あとにのこれる人々、女なりとて、いかでか任務のなかるべき。先づ多き軍の費も、みな国民の力に待たるゝものにてあれば、たとひ女として自も公債の募集などにつとめ得ずとも、せめて父兄あるは良人の志を助け、いさゝかも内に顧みる憂なくして其が務の全うせらるゝやう、倹素に家を理め、勉励みて業に従ひ、或は出征の軍人、傷病める兵士を慰問る事、或は軍人留守の家族、戦死せし人の遺族などを慰め救ふ業など相応しき務をなし此のときに於ける女たちの道をつくし、大君の　叡慮を安んじまゐさせ給ひね、これわらはがひたすら冀ふ所になんはべる。

をみなとてすめらみくにの民なれば　つとめさらめやはけまさらめや(3)

この発布は、大きくいって、①ナショナリズム、②護法意識、③女性の自発性の啓発という三つの要素から構成されており、しかも、①と②とは、戦争を仏教国とキリスト教国との対立と位置づけることにより、①②と③は、女性に対するナショナリズム・護法意識の鼓吹が国家と教団の護持・発展に資するという点で、相互に密接不離なものとして観念されていた。教団の側も、直ちに執行長名をもって「婦人会取結趣意」「婦人会概則」などを達し、各地に婦人会の結成を督促した(4)。概則第三条では、婦人会規則に「『二諦ノ教義ヲ聞信シ貞淑ノ婦徳ヲ養成シ国家ト本山トニ対スル本宗婦人ノ本分ヲ全フセシムル』等ノ件ヲ記スベシ」きことを規定し、婦人会に対し国家教団への奉仕団体としての性格を鮮明にするよう指示していた。

籌子・武子の巡教　三月に入ると、籌子は、三日から一七日までの福岡・長崎・佐賀方面巡教を皮切りに、二八日から四月六日まで福井・富山、一四日から二四日まで東京、五月七日から一四日まで三重・愛知・岐阜と、各地をまわり婦人会の設立を呼びかけた(5)。籌子が過密スケジュールにより病臥すると、代わって法主の妹・大谷（九條）武子が、その年の暮から翌年にかけて福井・広島・石川・山口・九州各地を代理巡教している。(6) これら巡教に際し説諭された内容とは、例えば次のようなものであった。

特に今日は日露国交破裂し、実に非常の際なれば、諸媛は充分の決心を以て、此の時局に対する本分を尽くし、尚ほ国家の為め、仏法の為め、真俗に渉りて尽くされたし、別けて金沢婦人会は多数婦人の手本なれば、専ら婦徳の修養に心を致し以て、国恩仏恩を報謝せられんことを望む(7)

このように、婦人会はひたすら国恩仏恩に報ずることを目的としており、世俗論理への批判的認識を有するものでなかった。そのかぎりにおいて、ようやく芽生えた女性自立への欲求も、女性分業に関する当時の社会通念を乗り越えてまで進展しえない限界を内包していたといえる。その限界は、女性の自発性啓発があくまで教団と国家の権益拡大の手段としてのみ有用であり、行き過ぎは、かえってマイナスであるという教団・国家側の本意が明らかとなるとき、一層顕在化していくであろう。ともあれ、日露戦争直後の女性の積極性・自発性を求める風潮のなかで、それはいまだ明確に意識化されず、教団内の女性地位の相対的向上が現出されていった。

二　教団内女性地位の向上

連合本部の設立　籌子・武子らによる女性の自発性啓発を求める巡教活動は、戦後もおとろえることなく北海道から九州に至るまで行われ、全国に続々と婦人会が設立されていった。一九〇七（明治四〇）年六月には、仏教婦人会概則が更改され[8]、籌子は婦人会総裁に着任した。同時に、各地婦人会の統轄連絡監督奨励のため、仏教婦人会連合本部が設置され、部内を統轄する本部長に武子、次長に梅上嶺子、庶務会計を掌る幹事に今小路富美子ら六名の女性がそれぞれ就任した。さらにその下に実際の事務・雑事に当たる加談（五名）・書記（一名）には、男性が任命されたものの、婦人会と連合本部は基本的に女性の自主性を重視された独立組織体としての形態を整えていった。

監獄女教誨師講習所開設　教団における女性の活動の場は、婦人会のみにとどまらなかった。一九〇八年九月には監獄女教誨師講習所が開設された。同所は、二五歳以上五〇歳以下の寺院および信徒の子女で高等女学校卒業程度以上の学力を有する者を対象とし、講習期間は六カ月、前半三カ月で刑法・監獄法・衛生学・宗教学等を学び、後半三カ月は監獄で実務経験をつんで、女囚の教誨に当たる人材を育成しようとするものであった。翌年四月には、一一名の女子が講習を終え、内四名が直ちに島原分監・神戸監獄・堀川監獄・宇都宮監獄に派遣されていった[9]。この事業の意義について、教団の機関誌『教誨一瀾』（後に『本願寺新報』と改題）は次のように評している。

> 鉄道郵便部内に女子事務員を採用せし結果は予定の如く好良なりしが如し、しかも教育部内に於ける女教員は今時尚ほその適否を議せらるゝは何ぞや、女子が男子と共に力を角し得べ

き範囲は今日に於ては尚ほ甚だ広からず、我が日本の社会に至りては、未だ女教誨師の如き高尚なる職務に婦人を試験したることあらざりき、女教誨師採用の事あらんとするが如き、これ著しく婦人の価値を高めたる者なり、婦人社会の以て誇りとすべき所なり、乃はち自信ある婦人が奮起挺身以てこの空前の試験に応ぜざるべからざる所なり。[10]

女教士制度　一九〇九年九月には教士・女教士制度が新設され、次の条項が寺法細則に追加された。

第三章　教士分限

第九条　本山ハ帰敬式ヲ受ケタル行者ニシテ性行謹直能ク講演ノ任ニ堪ユル者ヲ調査シ教士検定規則ノ規程ニ依リ之ヲ教士又ハ女教士ニ任ス

第十条　教士ニハ講演ヲ為スコトヲ許ス[11]

この制度は、教団への参与意識を見せ始めた女性や在家の篤信家に、僧侶と在家信者を結ぶものとしての役割を付与し、教団組織の活性化を図ったものであり、特に女教士は、従来教団内において何ら明確な立場を付与されてこなかった女性に対し、新たなポジションを与えたものとして注目される。この制度に基づき、まず九條武子と梅上嶺子とが女教士となり、一一年八月にその信奉式がとり行われた。また一七年には、京都高等女学校にこの女教士を養成するための「専修学院」も付設された。[12]

女子教育必要論　女性を布教の一翼を担う存在として位置づけようとする施策が次々に打ち出さ

れるなか、教団内にも女子教育の必要性を主張する声が強くなっていった。例えば、一九〇八年八月の『教海一瀾』の論説「宗門の女子教育」は次のように論じている。

この社会の趨勢に応じて、由来無為無能なりし我が真宗数万寺院の子女をして、直接伝道の任に当らしむべく或は間接外護の務を尽さしむべく教育せんことは、蓋し甚だ可ならずや、男子の教育する困難なるに女子の教育を求むるが如きは不可能なりと言ふ人あらんも、彼と此とは別問題なり、「女子に学問はいらぬもの」なりし昔日と同じく、尚今日も「女子に学問はいらぬもの」と思へる父母の思想を一転せば、女子教育の余力は幾らも存すべし、烱眼なる父兄諸氏、諸氏が最愛の女妹をして教界に栄誉あらしむべく其の教育の方針を誤る勿れ。

こうした教団内の世論を背景として、女子教育機関の整備は、仏教婦人会連合本部の事業のなかでも特に重要性を増していくことになるのである(13)。

三　女子大学設立企図と海外女子教育視察

婦人会全国連合大会　一九〇八（明治四一）年四月一七日、本願寺阿弥陀堂北側の空き地において、仏教婦人会全国連合大会が開催された(14)。大会には、大谷派婦人法話会総裁代理、京都府知事夫人などの来賓のほか、一万人にものぼる婦人会会員が参集した。梅上次長の開会の辞に続いて行われた会務報告で、弓波瑞明《ゆみなみずいみょう》（後に、西本願寺派執行として京都女子高等専門学校の設立に尽力、初代校長となる）加談は、各地の婦人会数が一〇三となり、会員も二〇万を超過したと報告している。婦人会のなかには、札幌婦人会の札幌日曜女学校(15)・函館婦人会の函館実践女学校(16)・小樽婦人会の小樽実践女学校(17)など、すでに女学校経営に着手している婦人会があり、また鹿児島の西南仏教婦人会のように計画中のものもあった(18)。そして、全国各地の婦人会の幹部が初めて一同に会した大会の成功を契機として、籌子は女子大学設立を企図したものと考えられる。大会から間もない四月二九日付の『中外日報』は、教団の本山役員の間で女子大学設立のための財源について懇談会がもたれたことを報じている。

女子大学設立に就いて　西本願寺の女子大学設立の件は本山役員の意向は創立費六万五千円は共保財団、慈善会財団、護持会財団の三財団より五万円を補助させ残る一万五千円を全国に散在する百〇三の仏教連合婦人会の寄付に依ることゝせんと云ふの発案に対して松原深諦師は夫は却て妙案にあらず、夫よりも会長武子《ママ》を始め、梅上、今小路其他各連枝の令夫人を先に立て、夫に藤島木村等の内室の婦人会幹事等を付添しめて西は熊本、広島、博多、東は大阪、神戸、金沢、富山等の枢要の地に遊説して趣意を説かしむれば寧ろ其方人気集るべしとの説も出て、名和淵海、香川黙識等の諸氏も之に賛成し、又創立以後の経費を三財団より補助を仰ぐ方適当なりと云ふ話さへ出て全く決定には至らざりしも其席上に於ける相談会は都合よく互の意見を交換せられたりと云ふ。

女子大学設立計画の策定　その後、女子大学設立計画は、婦人会側と教団側とにより調査検討が重ねられたものと推察される。翌一九〇九年の秋頃までには、次のような設立に向けての青写真ができ上がっていた。

高等女学校新設　西本願寺所属の仏教婦人会にては来四十四年四月修行の宗祖見真大師六百五十年忌大法要の記念事業として高等女学校及び女子大学を京都に新設すべく春来委員を挙げて調査研究中なりしが其調査事項も大半終了を告げたれば近日加談会を開さ校舎建設に要する土地の購入より校舎の設備等に関する条項を議する由、最初の目的は女子大学を建設して東京の成瀬氏の事業と対向せしむる計画なりしも最初より女子大学と称しては却つて突飛なりしとの世間の批評を招くことなきにしもあらざれば先づ高等女学校を新設し其上に専攻科を置き将来校運の発達したる時を持って此専攻科を女子大学と改称するも妨げなしと云ふことにて先づ高等女学校建設に着手することに成りたるものなり、土地購入、校舎新築等の創設費に少なくとも十万円を投じ工事は今年中に起工し来四十四年四月の新学期より開校する積りなり、制度、設備其他悉く関西に於ける模範女学校の面目を保たしめんとの理想なりと云へば愈々開校の暁は市内小資本の女学校は非常なる打撃を受くるならん、文中女学校の如きは已に右新築校舎出来の上は夫に合併して生徒も悉く移すべく内約調いたるのみならず、明年四月の新学期には明後年開校の新高等女学校生として文中校にて大に生徒募集をなす計画さへある由、資金は仏教婦人会員と全国末寺坊守より募集する予定なるが現在婦人会員二十万人に対して一円づゝ寄付せしむるとすれば二十万円、猶ほ一万ケ寺の末寺坊守に一円づゝ出資せしめばこれにても一万円を得らる、貧窮にし一円の寄付六ケ敷ものもあると同時に又中には一人にして百人分の負担も猶ほ軽きものも少なからざれば資金募集はさまで難事にあらざるべしと。(19)

海外女子教育視察　この頃と前後して、一九〇九年の九月に武子と九條良致（籌子の実弟）との婚儀が行われ、直後に籌子は、夫光瑞とともに海外へ旅立っていった。インド仏蹟参拝を経て、欧州の女子教育視察を行うのが目的であった。残された武子も、一二月には留学のため渡英する良致に伴って欧州に向けて出国する。一行はフランスで落ち合い、籌子と武子とは一〇年の春から夏にかけて、イギリスをはじめ欧州各国を回り視察を行ったようである。視察の詳細の日程等は不明であるが、後年婦人新聞記者に語った武子の次の回想から、二人が特に英国婦人の女性解放に対する認識の高さに感銘を受け、女子高等教育の必要性への認識を一層強くしたことがうかがい知れる。

義姉は大変熱心でございまして、私共の英国に居りました時は、丁度英国先帝陛下の崩御にあひ、すべての働きが中止して居ましたので思ふやうに視察する事が出来ませんでしたらうが、それでも義姉は出来るだけ婦人会の状況をしらべて居ました。ほんとにモ少し無事で居させたかったと、皆さんが仰しやつて下さいますけれども、こればかりは何とも致し方ございません。左様でございます、外国の婦人方はどうしても活発でございます、併し英国の婦人はフランスあたりから見るに大変に質素で落着いてるやうに思ひました。尤も、先帝の崩御で皆黒い喪服をつけましたから、殊にさう見えたのでございませうが、新聞などで見ますと英国の婦人参政権運動は益々盛のやうでございますが、その頃—先帝崩御前—もなか〱盛でございましたよ。併もこれは……乱暴をする事の是非は別といたしまして、その熱心だけは感心なものでございますね。また英国あたりの婦人は学問もあり見識もあり、真個実力があって、あんな運動をいたすのでございますから、力がなくて何だ彼だとまを《ママ》すのとは異って矢張注目せられて居るやうでございますね。(20)

高等女学校の経営　一方、不在中の事務を託されたのは、加談のなかでも特に籌子総裁の信任厚く、一九〇九年二月、連合本部主事代理に任ぜられていた弓波瑞明であった(21)。弓波は、一〇年一月、京都高等女学校が経営難に陥り、校主に売却の意図のあることを知ると、薗田宗恵（仏教大学長）・赤松連城（大日本仏教慈善会財団理事長）と協力して、当座の資金を文中女学校を経営する甲斐駒蔵・和里子に渡し両校を合併させた。次いで教団側の承認を得て、同年四月から、合併後の京都高等女学校の経営を仏教婦人会連合本部の事業としてスタートさせた(22)。こうして籌子・武子の不在中に、女子大学設立に向けての下準備は整い、あとは二人の帰国を待つのみとなった。

れていくこととなった。

四　女子大学設立趣意書の発表

設立事業の進捗　籌子と武子とは、欧州よりシベリアを経て、船で一九一〇年一一月一日に敦賀に到着した。ところが、わずか三カ月後の一一年一月二七日、籌子は二八歳（数え年三〇歳）の若さで病に倒れ帰らぬ人となる。籌子という指導者を失ったことは、女子大学設立を実動に移そうとしていた婦人会にとって大きな痛手ではあったが、その事業の推進は武子によって受け継がれていくこととなった。

教団の側も、女子大学設立に向けて婦人会に強力なテコ入れを開始し、八月に連合本部規則を大幅に改訂した。(23)この改訂により、従前の幹事は本部員に、加談は評議員に、書記は録事に改められた。直接の実務を統轄する主事制も新設され、本山役員のうちから選任することとなり、初代主事に弓波瑞明が就任した。また全国の婦人会を八つの区域に分け、各区域に婦人会の奨励・監督・連絡・事務などに当たる職制（総務・参務・監督・奨励係・事務担当）を新たに設け、これには執行長以下本山の役員・地元寺院の住職等を任じている。しかし、これにより婦人会の組織力・事務力の増強が図られたものの、婦人会活動の主体性が薄められたことも否めなかった。ともあれ、教団の支援体制の整備により女子大学設立への準備作業は着々と進められ、翌一二年一月には、手狭になった高等女学校の移転予定地・東山妙法院東側の造成工事が開始する。(24)二月一九日には、弓波主事より集会々衆（現在の宗会議員に当たる）に対し、女子大学設立の説明がなされた(25)。

設立趣意書の発表　こうした過程を経て、同年三月一七日、籌子の追慕会に際して、各地婦人会の幹部員に対し、武子本部長より「女子大学設立趣意書」は公表された。公表された内容は次のようなものであった。

一、女子教育の急務　方今我国家の進歩を資け、我宗運の発展を期するに其最も急務なるは、寔に女子教育に過ぎたるはなし、輓近泰西諸邦の文物愈よ啓け、国運益々昌んなるものは幾多の原因あるべしと雖も女子教育の機関具備せるもの、寔に之が一大原因たるを疑はず、是に於てか我文部の当局は、年来女子教育の刷新に腐心せるは云ふ迄もなく、外教徒亦茲に見る所あり、往年東都に女子大学を経営し、昨秋復た西京に同志社女子大学を発表す、尚ほ聞く所に拠れば更に京阪の中間に地を卜し、大規模の女子大学を創設するの議ありと顧ふに女子教育の事業、豈に独り異教徒に一任し、袖手傍観して可ならんや、是れ啻に宗派的感想に依て云為するに非ず、畢竟我仏教者が国家の推進に貢献すべき一大任務なればなり

二、光顔院殿の御遺志　故婦人会総裁の君光顔院殿には、夙に女子教育に御熱心にて、先年女子大学創設の御計画あり当時数《しばし》ば議に上りしことありしも、偶ま　宗祖大師の大遠忌前に属し、剰《あまつ》さへ共保財団大募集の際なりしかば、折角の思召も遂に中止の已むなきに至れり、然れども総裁の君の御宿志毫も渝《かわ》ることなく、客年欧州御巡回中も特に列国の女子教育を熱

心に視察し給ひ、大に他日の用に供せんとの思召なりしも、御帰朝後端なく無情の急変に接し、早く安養の素懐を遂げ給ひしは、自他内外の斉く哀慟痛哭して措かざる所なり、噫女子大学の経営は、実に故総裁の君の御遺志にして、且国家並に宗門に対する刻下の最大急務なれば、拮据黽勉一日も早く之が成功を期せざる可らず
三、準備事業　時運は長く、一派の女子教育を忽せにするを許さず、一昨四十三年四月派内多事の折柄なるに拘はらず、当本部は女子大学経営の端緒として、苦心の結果私立京都高等女学校を創立するに至れり、然れども其校舎猶頗る不完全にして、未だ一棟の寄宿舎なく、敷地亦狭隘にして僅に他山の境域を賃借するに過ぎず、故に女子大学開設の準備として、不日之が移転改築の工事に着手せんとす
四、来明治四十六年は、正に故総裁の君の三周忌年に相当す、此忌辰を記念として、女子大学の一部を開設し、以て御遺志の万一を果さゞる可らず、顧ふに総裁の君の御奨励に依りて、既に創設せられるたる婦人会は、国の内外を通じて、其数実に二百有余に達し、会員の数亦優に三十余万を超ゆ、之を我国現時の各団隊に比するに、其会員数は敢て第二位に下らず、斯る大団隊を基礎とし以て一女子大学を経営するは、敢て至難の業とは云ふ可らず、然れども徒らに衆を恃み、互に相譲りて其事を資けずんば、成功遂に期す可らず、左れば我全国の婦人会員は勿論、常に我大谷の法流に浴せる人々は、宜く故総裁の君の御遺志を体し、随喜賛同瞬時も早く此大業を成さしめられんことを希ふ(26)

武子の内なる障壁　趣意書は、女子大学設立が国家と教団の発展に貢献するものであることを強調する。ところが「をみなとて……」の歌に見られたような女性の自立に向けられた強い熱意は影をひそめ、女子大学設立を通じて、女性のおかれた状況をいかに改善していくのかという点にもまったくふれられていない。武子とて、海外視察の経験により一層の女性の地位向上の必要性を痛感していたはずであった。にもかかわらず、趣意書にこの点がまったく反映されていないのは籌子の死にも起因していようが、女子教育をとりまく社会情勢の大きな変化とも無関係ではないと考えられる。

日露戦争という未曾有の国難を経験した直後の世論は、女性へのナショナリズムの啓発の必要性を認め、相対的な女性の自立と地位向上を求める傾向にあった。しかし、だいたい一九一〇年頃を境として、女性の自立への欲求が個人主義・社会主義等と結びつき、帝国主義的国民統合を揺るがせかねないという警戒心から、伝統的良妻賢母規範への復古を説く論説が目立ち始める。国家行政の面でも、〇八年七月に成立した第二次桂内閣の小松原文相の下、この傾向は顕著にあらわれ始めていった。前にも述べたように、世俗論理への批判的認識を有さない婦人会が、この体制側の論調に抗してまで女性の自立と地位向上を強く打ち出し得ない当然のことであった。そして、女性自立の願いを胸中に秘めながらも、表面上決して国家・教団（男性社会）の期待する女性像を逸脱し得ないあり様は、武子自身が乗り越えていくべき大きな課題となっていった。後に武子の処女歌集『金鈴』について、與謝野晶子は次のように述べている。

著者にもっと確りと自己を摑んで欲しく、また自己をもっと深く掘り下げて欲しいと思ひます。（中略）著者の生活の態度に弱い所があり、中途半端な所があり、妥協的な所がありま す。一言にして云えば、自己を愛することが足りません。その稟性から云って、著者は今のやうな程度の生活に止まって居るべき人で無く、純粋熱烈な人間性を闊達自由に開展させた生活を想像し得る優秀な資質を備へた人のやうに想はれるのですが、（中略）個性の自負を持ちながら、それをどうして出来るだけ真剣に徹底されないのでせうか。(27)

この批評は、古典的な夫を待ちわびる女の型に収まろうとする武子に対し、男への従属から自らを解き放ち、自立していくことを勧奨するものであった。

とはいえ、名目上はともかくとして、女子大学の設立は実質的にみて、女性の地位向上に資することは間違いのない事実であり、またこの時点では本願寺教団もこれへの全面的支持の姿勢を表明していた。このため、当初武子と婦人会の目指す女性解放の拠点としての女子大学設立運動は、着実に前進しつつあるかに見えた。

五　教団財政の悪化と設立運動の挫折

光瑞の失脚　武子が精力的に各地を巡回し寄付を呼びかけたこともあり、女子大学設立運動は婦人会員に大きな賛同をもって迎えられた。趣意書発表直後より、続々と寄付申込みは寄せられ、発表から半年にもならない一九一二年七月末までに申込額は二万四千円近くにも達し、『教海一瀾』(後に『本願寺新報』と改題)に掲載された申込者名簿には、二三〇名ほどの個人(内、女性が約二〇〇名)、約三〇の婦人会が名を連ねた(28)。

ところが、早くもこの頃から、女子大学の行く末には暗雲が立ちこめ始めていた。同年七月中旬、本願寺金庫の標札を掲げる起業銀行に破産の風評がたち、預金者の取付騒ぎが惹起した(29)。同行は、本願寺内事部職員ら光瑞側近の介入にもかかわらず、結局九月に京都地裁に対し破産を申し立てるに至る(30)。これをきっかけとして、日露戦争の協力事業・西域探険隊の出費などに伴う借金に加えて、これを穴埋めしようと光瑞側近が行った株取引き失敗により、大谷家の抱える負債が五〇〇〇万円を越える莫大な額に膨れ上がっていることが明るみに出た(31)。一三年に入ると、教団側は一月の定期集会において二〇〇〇万円の寺債発行を決め、二月七日の内務大臣の認可を経て末寺・門信徒への応募を開始(32)、四月からは数次にわたる寺宝の売却(33)により負債の一部を償還し当面の負債整理が行われた。一方で、これに対する末寺・門信徒の教団当局への非難も噴出した。同年四月、教団の改革を求める人々は、京都に参集して改革党同志会を旗揚げし、法主一人に集中した権限を門末へ委譲すること、改革に一定の進展をみるまで本山側の一切の勧財に応じないことなどを申し合わせた(34)。

こうしたなかにあっても、教団の女子大学への支援体制は整備されていった。一三年四月には女子大学創立委員会が設置され、五月には各婦人会の事務担当者が女子大学創立翼賛員に任命さ

れた。一四年の年頭事務開所式における執行長・執行の「上啓文」でも、

仏教婦人会ハ故光顔院殿ノ遺志ヲ継承シテ会員ノ普及ヲ計ルト共ニ女子大学ノ基礎ヲ定メンカ為メニ先ツ京都女学校々舎ノ移転ニ着手シ地ヲ大谷本廟ノ南ニ相シ工事ヲ起セリ[35]

と述べられ、女子大学設立は教団事業の重点項目の一つに数えられていた。しかし、教団をとりまく状況の変化は、少なからず女子大学設立の募金活動に影響を及ぼしたものと考えられる。一二年八月以降の『教海一瀾』には、申込者名簿が掲載されなくなる。しかも一四年に負債問題は、さらに大きな事件へと発展していった。二月には、大日本仏教慈善会財団などの関係財団の資金の不正流用により次々と光瑞の側近が検挙される[36]。次いで、四月には大谷家所有の須磨別荘の宮内省買い上げに関わる疑獄事件の発覚により宮内相が辞職に追い込まれる[37]。ここに及んで光瑞は引退することを余儀なくされ、五月には宮内省に赴き伯爵と管長職の辞職を申し出た[38]。

設立資金の欠乏　その年の秋には、京都高等女学校の移転工事が一応完了したものの、最大の外護者である兄・光瑞の失脚は、武子らの女子大学設立運動を大きく後退させていくこととなった。その後の状況を一九一五年六月の『中外日報』は、次のように報じている。

●高女経営問題　洛東妙法院畔の京都高等女学校は西本願寺婦人会の経営に係るものなるが、過去四五年間の苦心経営の結果は阿邊《ママ》田氏経営時代とは全く面目を改めて昔日の俤なく、今や市内私立学校中に於いては第一位を占め進んでは正に独立の地位に成らんとしつゝあり。されども本願寺事件の影響を受けて最初予約したる寄付金五万円の内三万余円は廻収する見

込立たずこれがために経営上に少からぬ蹉跌を生じ、却つて今は一万六千円の借金さへ持ち居ることとなるが、此際此を整理して進では学校の根本的基礎問題を決定すべく此程評議員会を開催したり。

△一、一万六千円を無利子にて本山より下附を請ふこと。

△二、高等女学校を千代田女学校の如く本山立女学校に改むること。

△三、一ヶ年間本山より使僧を全国に派遣して極力女学校の寄付金を募集することの許可を得ること。

評議員の結果は右上の三ヶ条を決議し嘆願書として本山執行所に提出して三ヶ条の内何れかの一ヶ条を採用せられ度しと要求しつゝあり、執行所に於いても事一女学校とは云ふものゝ大問題なれば一二のものゝ能く決定すべきものならねばとて去日執行所会議を開き利井執行長を始め七里、名和両執行列席の上凝議したるも決定するに至らず、尚ほ第二回を更に此頃開催したれども是亦決定せず行悩みつゝあり、第一案の一万六千円を女学校整理に下附することは貧乏本山の今日の状態としては非常に苦しく、第二案の千代田高等女学校の如く本山立女学校に改むれば比較的弊害も少く学校としては善良の方法ならんもこれを引受るや否や其月より幾分かづゝの校費の欠損を補ふて行かざるべからざることのアリアリ見て居るものを好んで引受くると云ふことは財施難の今の本願寺としては大に考慮を要すべき問題なり、第三案の一ヶ年間を期して本山使僧を全国に派遣して寄付金を募集させると云ふことも正に実施せんとしつゝある本山助成講の募集と差し合ふて両者のために面白からず、されど本山としては経営難の女学校を救助すべき多少の義務を持ち居れり如何にせば財政難の本山に取つて適当なる学校救助法が見付らるゝかと重役等熱心に考究中なり。[39]

つまり、当時の婦人会は、負債償還を最優先する教団を前にして、女子大学設立はおろか、高等女学校移転工事費の捻出にさえ苦慮する状態に陥っていたのであり、当時のことは、次の弓波主事の回想からも裏づけられる。

　本部長様御精励のお陰で、各地婦人会も頓に活気を添へ、女子教育事業も着々その歩武を進めたが、好事魔事多しとの諺に洩れず、婦人会の事業に一大障碍が起った。それは大正三年に、端なくも我本山に疑獄事件が起ったことである。その事件の真相は、今茲に説明するの要はないが、兎に角本山の重役が、続々検挙せらるゝといふ、前代未聞の悲劇が演ぜられた。婦人会連合本部は、独立幹部であるとは云ひ、矢張り本願寺を背景とする団体機関であるから、本山の信用が俄然地を払ふと共に、婦人会本部も亦その信用の影が消え失せたのである。さればたゞでさえ困難なる女子教育事業は、層一層の困難を感ずるに至った。当時本山財政を整理せんとて、飛び込んで来た二三の有力者は、此財政紊乱せる本山の下に在る婦人会が、女子大学の経営などゝは以ての外であるといふので、その計画を阻止せんとするのみならず、既成の京都女子《ママ》高等女学校までを解散せしめんとする肚を示し、婦人会に向っていろ〳〵の難題を浴せかけた（その真相は今茲に説明し難い）。此際私は此等整理委員と折衡して、幾度か火の出るやうな激論を試みた。嗚呼回顧すれば、当時我女子教育事業の運命は、実に風前の灯火よりもまだはかない有様であった。寄付金の回収はその路全く絶へて、新旧幾多の債鬼は前後より肉薄し来つた。貧弱なる我頭脳は、昼夜唯調金の腐心と、債鬼拝み倒しの外はなかった。けれどもいよ〳〵窮迫した場合には、妙に奇特の人が現はれて、低利の資金を提供したり、纏まつたお金を寄贈して呉れたこともあった、蓋し是れぞ仏天の御加護であらうと思はれた。[40]

一五年七月二三日、本山執行所は、利井《かがい》明朗《みょうろう》（明治維新期に島地黙雷らと教団の近代化に尽力、光瑞失脚後、執行長として財政再建に当たる）執行長名をもって、末寺坊守中・各婦人会中・各尼講中に対し、

仏教婦人会連合本部ハ故光顔院殿ノ御遺志ニ依リ先年来女子高等教育事業ヲ経営致居候処其目的ヲ達スル迄ニハ猶幾多ノ努力ヲ要シ候ヘハ本宗有縁ノ婦人ハ宜ク報謝ノ懇念ヲ運ヒ速ニ該事業ヲ完成セシメ候様助成相成度此段相達ス[41]

と通達しているが、これは移転工事の借金を婦人会に自己弁済させようとする教団側の意図を示していると考えられる。負債償還のための募金は、武子の地方巡回によるものだけでなく、同年八月には、朝倉校長・甲斐和里子がハワイに渡り在米邦人に対してまで行われた。しかし、一六年一月に始まった本山講による教団側の募財活動とも重なり、思うようには進展しなかったようである。

設立運動の挫折　一九一七年、弓波主事が本山執行に転出するに及んで、連合本部の事務機能は大幅に低下し、高等女学校の人事権も本山執行所に移行された[42]。かつて一四年に武子は、執行所に移ろうとしていた弓波に詰め寄り、一度はこれを断念させていた。このときの模様を弓波の回想文は、次のように記している。

何時も快活にして、晴れやかな御気分の本部長様は、その日に限つて、如何にも打ち萎れた御模様で、「あんたは今度執行所に這入らるゝさうだが、その後婦人会はどうなるのです、又女学校の事はどうするつもりですか」と云ひ了つて、双眸よりぱら〳〵と涙を零させられたので私も覚えず落涙した。噫此頃は御家庭の事情も面白からざる上に、一山の混乱もその極に達して居るから、婦人会の前途や女子教育の経営も、どう成り行くか分らない。されば自分のやうな朴訥無能の者さえ、唯一の頼みとして御座るのに前以て十分御相談もせず、直ちに執行所入りを受け合つたのは悪かつたと思つた[43]。

武子と連合本部にとって、弓波はなくてはならない存在となっていた。一四年一月の『中外日報』のインタビューに対し、武子は次のように答えている。

ハイ女子大学の方も計画だけはいたして居ります。これに就いては婦人会の方々が総裁の遺志だからと云ふので、どちらに参りましても皆さんが熱心に尽力して下さいます。私はどちらへ参りましても御願ひするばかりで後は主事の方に托せて居ます。どういたしましても女でございますとそんな運動は思う様に出来ないのでございますよ[44]。

また一六年の『中外日報』では、

各地方の巡回当時の感想をとりたてゝまうしやうもございりませんが、皆さんが熱心に尽力して下さるといふことを深く感じました、何分会員が三四十万もあるのですから、一致して活動しましたら何んなことでも出来さうでございますが、実際はなか〳〵思ふやうにはまゐりませぬ。それから私の交際と申しましても私は学校にまゐりませんものでずから友達が少うございます、今の第一女学校のあるところに小学校がございました、兄達と三人でいつもまゐつて居りましたが、こゝが卒りますと適当な学校がありませず、東京の華族女学校までも出かける必要は女にないといふやうなことで、末子のことでもありますし内ばかりで……、東京にまゐりますと義姉の友達が沢山ありまして自然親しい交際をいたしますが、こちらでは砂川別荘にまゐりましたり、梅上さん（嶺子の方）、佛光寺さん（蓬子の方）方と御交際します外、伊丹の小西の奥さんと心易うするぐらゐのものでござります、何方でも広く自由に交際の出来る時節も遠からず来るでせうけれど現在のところでは然うはまゐりませず困ります(45)、

と語っている。当時の社会状況にあって、女性が女子大学の設立事業を直接に推進していくことはかなり困難なものであったろう。とりわけ武子自身は小学校しか学校教育を受けておらず、周囲にも女子大学設立の実務に当たるべき能力を備えた女性スタッフはいなかった。だからこそ、一層こうした人材の育成のために女子大学設立を強く望んだのであろうが、このことは婦人会の

設立運動が本山役員に依存せざるを得ない脆弱性を露呈するものであった。一度は断念した弓波も、このまま連合本部にとどまっても現状の打開は難しいと判断したのであろう。一七年には、執行（現在の総務に当る）の就任要請を受諾し連合本部を去る。

後に西本願寺の手によって、女子大学設立を推進した弓波は、本山執行として一九年一月、集会において次のように述べている。

いつまでも女子大学創立事務所の看板ばかり掲げて置く訳にも行かぬ、幸ひ本山財政も順調であり、婦人会の事業としてこれを経営することはその任が重くして耐えられぬ事情もありて今回本山の事業に引き直すことにいたしたのであります。元来この女子大学は婦人会員が全国に三十万人ある、一人一円づゝ支出して貰つても三十万円あるから楽に経営されると思ふて着手しましたが実際に当て見ますと予定した通りにウマクは参りませぬ、総て予定がはずれて居ます。(46)

確かに、女子大学設立は、婦人会にとって荷の重い事業であったのかもしれない。しかし、それにもかかわらず、これを実現しようと努めていった武子らの願いを打ち砕いていった要因は、自らの都合により婦人会を翻弄しつづけた教団の側にも求められねばなるまい。

六　本山による計画継承と武子のその後

女子高等専門学校の設立　いったんは挫折した女子大学設立計画ではあったが、一九一九年一月、西本願寺は突然教団の事業として設立することを集会で決議する。背景には、一八年以降に東京女子大学・神戸女学院大学部などのキリスト教主義高等教育機関が相次いで設立されたことと、これに触発されて浄土宗などが女子大学設立の動きを見せ始めたことがあった(47)。わが国最大の仏教教団を自負する西本願寺にとって、女子教育においてこれ以上キリスト教に溝をあけられ、他の仏教教団に女子高等教育を先んぜられることは屈辱的なことであった。同年二月の『教海一瀾』の社説は、それへの危機感を次のように論じている。

又女子大学建設の如き、固より光顔院殿の遺志に由ると雖も、是れ亦時勢の必要上已むを得ざるものあり。既に東京に於ける成瀬氏の女子大学の如き、又新渡戸氏によりて新たに経営せらるゝ女子大学の如く、女子に対する高等教育機関はすべて基教趣味を有せざるなく。かくて数年を経過せば、我国婦人の知識階級、或は上流社会の家庭には、殆ど基督教思想の抜く可らざる根葉を有するに至らんこと、識者を俟ちて知るべきにあらざる也(48)

こうした西本願寺の設立事業を女性の側はどのように見ていたのであろうか。これについて『中外日報』は、和田芳子という女性からの次のような投書を紹介している。

私は若し本願寺の人々が、基督教主義の女子大学がいくつも出来るから、こちらでもだまつて居られぬといふのならよしたほうがいゝと思ひます、それはむかうみずの書生さんたちのいふやうなことですもの。そうした考へから宜い加減なものをつくつて笑はれるよりも、寺院あるいは信徒の家の女子の中から頭のいゝ人を選抜して、基教主義の女子大学へドシ〳〵おくつて見学させることです、そしてその上一年二年なり本山の手によつて宗教で充分にきたえた上人物をつくるかしれ《マ》な《マ》いと思ひます、（中略）ですから私の考へでは女子大学つていふやうなそうみえのいゝものはつくらなくても、青年婦人の仏教研究者のために仏教大学の一部を開放して下つたらそれでいゝと思ひます(49)

ここには、教団の利害と体面を重視する本山側の姿勢と、有能な女性を育成することこそが肝心であるとする女性の側の願いとのコントラストが余りもに鮮やかに映し出されている。婦人会の手を離れた女子大学設立計画は、もはや女性にとって、その自立や解放を真に託す場と見做しえないものとなっていたとも言い得るであろう。

本願寺の女子大学設置申請は結局文部省に認可されず、翌二〇年に京都女子高等専門学校として開校された。そして、これと同時に京都高等女学校の経営も完全に連合本部の手を離れ、本山執行所に移管された(50)。

武子のその後　武子は京都女子高等専門学校が設立された年に、一〇年ぶりに帰国した夫に伴って東京に移り住んだ。武子が京都を去った後、二三年連合本部の規定はさらに改訂され、女性スタッフである本部員の制度が廃止されるとともに、「本部ノ要務ハ教務部ニ於テ之ヲ行フ」という条文がつけ加えられた。これにより婦人会は独立機関としての性格を完全に失われ、本山執行所の一部局に付属する団体と位置づけられるに至った[51]。同じ頃、武子は次のような歌を詠んでいる。

生きかひも死にかひもなしをみな子の王国の名を厨といふや
鍵もつ汝男そ閉ぢこめていたはり顔もをかしからすや
鍵もちて扉背にして男子はいふ今や女は放たれたりと
女達おそれてゆかぬ道あらはわれに教へよゆくへしわれは
くろかねのこの扉敗らむ巨人来よ無智の女か千年の牢[52]

女性解放への真情を力強く表明したこの歌は、過去において教団（男性社会）に依存することで、女性解放の願いを達成しようとしてきた自己のあり様へ訣別を告げるものでもあったのではないだろうか。以後、武子は社会事業に自己実現の道を見出していく。しかも、それは「年末のゆゑ本願寺には厄介にならず、やれるだけやり度いと思うてをります[53]」という書簡の文言が物語るように、自己の著書の印税などを資本としたものであり、自らの自立と解放を賭した独自の活動であった。

仏教婦人会のその後　大正期末から昭和初めにかけては、武子の推進した社会事業活動をテコとして、仏教婦人会が再び大きな盛り上がりをみせた時期である。婦人解放運動の活発化の影響もあり、一九三〇（昭和五）年に開催された全国仏教婦人会第三二回幹部大会では、「婦人公民権獲得の必要を認め、速やかにこれが実現に最善の努力をなす」という決議もなされている。[54] また同年一月、西本願寺派集会は準僧侶という新制度を設けることを決め、「寺族婦人にして法務せんと欲する者は別に度式を用ひて僧侶に準ず」という条項を得度規約中に加えた。男子僧侶に比べると、待遇に制限が加えられていたものの、女性僧侶を認めた画期的な制度であり、翌年九月には、新制度に基づく二三名の女僧が誕生した。[55]

このように、仏教婦人会の眼は広く社会に向けられ、教団内での地位も向上していったが、女性としてのジェンダーを乗り越え、教団や国家からの従属を突破していくことは一層困難になっていった。三一年二月、仏教婦人会連合本部は、婦人公民権要求の請願書を貴族院・衆議院に提出すべく署名運動を開始し、その理由を次のように記している。

理由　我等女子本来の使命は、主に家庭を中心として子女の教養にあることゝ信じます、然るに市町村の政治は、家庭と最も密接なる家憲にあるにも不拘、之に参与することの出来ない限り、其の使命を達成することが出来ません。仍て昭和五年十一月十八日、東京に於て開催されたる我仏教婦人会幹部大会の決議に基き、之を請願するする次第であります。[56]

ここでは、国家社会が課す女性としての役割を全うすることと引き換えに、女性の地位向上を目指そうとする路線が明確に示されている。しかし、こうした路線選択ゆえに、仏教婦人会は、日中戦争の拡大に伴って、戦時体制へ埋没することを余儀なくされていったことも否定できない。

【註】

(1) 湯川次義氏は、一九一九年以降に七、八校が女子大学設立計画を発表していたとされる（「一九二〇年代の日本女子大学校による『女子綜合大学』設立構想―設立認可申請と文部省の対応―」『日本の教育史学』教育史学会紀要　第四一集　一九九八年一〇月）。これに加えて、仏教系だけでも、浄土宗（註47）、曹洞宗総持寺（一九二五年五月二八日・八月六日付『中外日報』）、千代田高等女学校（『本願寺宗会百年史』資料編下　三五六～三五八頁　同朋舎　一九八一年等を参照）などにも設立計画があった。

(2) 島地黙雷の主張が、この典型的な例として挙げられよう（本書第Ⅰ部一章を参照）。また、島地は、法主への蓄妾廃止の提言を意図していた（吉田久一『日本仏教社会史研究』一六五頁　吉川弘文館　一九六四年）。

(3)(4) 仏教婦人会連合本部『仏教婦人会年鑑』（一九三二年）。

(5) 籌子の巡教活動については、当時の『教海一瀾』に詳細に報じられているほか、上原芳太郎『光顔院籌子夫人』（興教書院　一九三五年）にまとめられている。

(6) 武子の巡教活動については、籠谷真智子『九條武子―その生涯とあしあと―』（同朋舎　一九八八年）を参照。

(7)『教海一瀾』二〇二号（一九〇四年四月一六日）。

(8) 前掲『仏教婦人会年鑑』、および『教海一瀾』三六七号（一九〇七年六月二二日）所載「本山録事」。

(9)「婦人教誨師の採用」（『婦人雑誌』二四六号　一九〇八年七月三日）、および「女教誨師の擢用」（『教海一瀾』四六〇号　一九〇九年七月一日）。

(10) 社説「女教誨師の養成に就て」（『教海一瀾』四二四号　一九〇七年七月一八日）。

(11)『教海一瀾』四六四号（一九〇九年一一月一日）所載「本山録事」。

(12)「女教士信奉式」（『教海一瀾』四九七号　一九一一年九月一日）。『京都女子学園八十年史』二五～二七頁（一九八九年）。

(13)『教海一瀾』四一二号（一九〇八年四月二五日）、および一九〇八年四月一七・一八日付『中外日報』。

(14)「宗門の女子教育」（『教海一瀾』四二七号（一九〇八年八月八日）。

(15)(16)(17) 本書第Ⅰ部四章を参照。
(18)「鹿児島の宗教(三)」(一九〇七年五月三〇日付『中外日報』)。この計画は、子守学校として実現したようである(一九一〇年二月六日付『中外日報』、『龍谷週報』五一号　一九一〇年二月一二日)。
(19) 一九〇九年一〇月五日付『中外日報』。
(20)「女でございますと」(一九一四年一月一日付『中外日報』)。
(21)『孤嶺集』(顕道書院　一九三二年)巻末の弓波瑞明「年譜」による。ただし、当時の連合本部の規定に主事の職制はなかった。
(22) 弓波瑞明「回想録」(『東山タイムス』一九二九年九月号、後に前掲『孤嶺集』に所収)。
(23) 前掲『仏教婦人会年鑑』、および『教海一瀾』四九七・四九八号(一九一一年九月一・一五日)所載「本山録事」。
(24)「コンナ女学校が出来る」(一九一三年一月一七日付『中外日報』)。
(25)『教海一瀾』五〇九号(一九一二年三月一日)。
(26)『教海一瀾』五一一号(一九一二年四月一日)、および同年三月三一日付『中外日報』。
(27) 與謝野晶子「九條武子夫人の歌集『金鈴』を読みて」(『婦人公論』一九二〇年九月一日)。後に『定本與謝野晶子全集』第一八巻(講談社　一九八〇年)所収。また女子大学設立趣意書の内容に対しては、中外日報が手厳しい批評をしている(「女子大学如何」一九一二年四月一一日付『中外日報』)。
(28)『教海一瀾』五一四・五一六・五一九号(一九一二年五月一五日、六月一五日、八月三日)所載「本山録事」。
(29)「西本願寺と起業銀行との暗闘」(一九一二年七月二〇日付『中外日報』)。
(30)「西本願寺の昨今」(一九一二年八月八日～一五日付『中外日報』)、および「起業銀行自ら破産申立」(一九一二年九月二七日付『中外日報』)。
(31)「西本願寺の噂」(一九一二年一二月一日～九日付『中外日報』)。
(32)『教海一瀾』五三一号(一九一三年二月一五日)。

(33) 一九一三年四月一日の第一回目(同年四月三日付『中外日報』)を皮切りに、同年一一月七日の四回目(一一月九日)まで行われた。
(34) 「西本願寺改革党大会」(一九一三年四月一五・一六日付『中外日報』)、および「改革派の建言」(一九一三年五月一七日付『中外日報』)。
(35) 『教海一瀾』五六四号(一九一四年一月一五日)所載「本山録事」。
(36) 「本願寺大爆発」(一九一四年二月一五日付『中外日報』)。また、事件の概要については、「本願寺疑獄判決言渡書」(一九一四年一〇月二五日〜一一月四日付『中外日報』)を参照。
(37) 「四万円行衛」(一九一四年四月一二日付『中外日報』)。
(38) 「大谷光瑞伯の隠退」(一九一四年五月一四日付『中外日報』)。
(39) 一九一五年六月一三日付『中外日報』。
(40) 弓波瑞明「九ケ年間奉仕して」(仏教婦人会連合本部『残照―九條武子夫人遺芳―』同朋舎　一九二八年)。
(41) 『教海一瀾』五九一号(一九一五年八月一日)所載「本山録事」。
(42) 弓波は、一九一七年四月三日に執行に任ぜられ、同年六月に連合本部主事を辞している(註(21)参照)が、この頃に京都高等女学校の職員辞令は、『教海一瀾』所載「本山録事」の婦人記事欄から教学記事の欄に移されて記載されている。
(43) 前掲註(40)に同じ。
(44) 前掲註(20)に同じ。
(45) 「白書院物語―九條武子の方を訪ふ」(一九一六年七月五日付『中外日報』)。
(46) 「女子大学問題」(一九一九年一月三一日付『中外日報』)。
(47) 「仏教女子大学設立の議」(一九一八年七月一四日付『中外日報』)、「浄宗女子大学計画」(同年一〇月一五日付『中外日報』、「仏教女子大学実現の機運」(同年一〇月一七日付『中外日報』)。
(48) 社説「教育伸興の運機」(『教海一瀾』六三四号　一九一九年二月二五日)。
(49) 和田芳子「仏教婦人教育論」(一九一九年二月一四日付『中外日報』)。

(50)「京都高女は本山直営となる」(一九一九年一月二九日付『中外日報』)、『京都高等女学校・京都裁縫女学校　要覧』所載「沿革略」(一九二九年)。

(51) 前掲『仏教婦人会年鑑』。また一九二一年から二年間ほど、連合本部主事を務めた廣橋了以も「従来仏教婦人会は、その設立当初より独立幹部であったのですが、大正十二年には教務部に事務移管されました」と回想している(「婦人会と武子夫人のことども」前掲『残照』参照)。

(52)『女性』一九二三年一月一日。後に前掲『九條武子―その生涯とあしあと―』にも所収。

(53) 一九二五年一二月一五日付「某婦人宛書簡」(佐佐木信綱編『九條武子夫人書簡集』一四九頁　実業之日本社　一九二九年)。

(54)『仏教婦人会百五十年史』　三一三～三一四頁(一九八二年)。こうした仏教婦人会の公民権運動の活発の背景には、女性票のとり込みを通じて、政界への影響力を強めようとする教団のバックアップがあったことも否定できない(「婦人選挙権と宗教家」一九二四年二月三日付『中外日報』)。

(55)『本願寺史』第三巻　六五五～六五六頁(一九六九年)。

(56) 前掲註(54)に同じ。

あとがき

キリスト教者による教育事業史研究が、戦前から研究業績・資料を蓄積してきたのに比べると、仏教教育史に関しては、研究面でも個別学校史の発行でも大きく立ち遅れている。筆者が『京都女子学園八十年史』の編集に関わって、このことを痛感し仏教者の女子教育事業の調査・研究に取り組み始めたのが、ちょうど一〇年前のことであった。

調査を始めてまず気づいたのは、仏教主義学校を特定する作業の困難さであった。すでに戦前、平塚益徳氏はキリスト教主義学校を明快に定義づけて、次のように述べている。

日本・中国・印度其他の東洋諸国に於いて主として内外の基督教徒又は基督教に関心を懐く有志者達に依つて設立維持され、その陶冶活動並に陶冶理想の一大基礎を濃淡深浅の差こそあれ等しく基督教的精神の宣揚に置く点に特色を有つ所の諸学校（『平塚益徳著作集』第一巻　教育開発研究所　一九八五年、初出は一九三三年発行の岩波講座『教育科学』）

しかし、この定義の「基督教」を単純に「仏教」に置き換えてみても、実際に仏教主義学校を特定することは難しい。とりわけ僧侶養成を目的としない女学校については、設立者が仏教主義に基調に置いた教育理念を有しながら、それが持続しない学校があると思えば、仏教教団が設立主体であっても、まったく仏教主義的な教育が行われない学校がある。仏教主義を標榜していても、その内実がまったく体制イデオロギーの注入教育と変わらない場合も多い。そして、この状況は、現在もあまり変化したとはいえない。

ことに近年、宗教的な教育を通じて「自発的服従」の精神を養おうとする体制側の攻勢が一段と強まりつつある。宗教的な教育の公的導入が主張されるとき、こうした傾向は免れえないであろう。仏教が、安直にその傾向に便乗して戦前と同じ轍を踏まないためにも、体制側の要請と異なる位相において、独自の仏教主義教育理念を樹立することが望まれる。

仏教主義諸学校のなかには、創立後一〇〇年に及ぶ歴史を刻んできた学校も多く、今後修史事業もなされていくであろう。これを機に仏教主義教育に対する議論が高まり、混迷する性や家族問題に仏教がどのように答えるのかといった点にまで及ぶことを願って止まない。ささやかでも本書がその一助になればと考え、拙さも顧みず刊行した次第である。

本書は、今日までに発表した論文を大幅に加筆訂正してまとめたものである。大きく記述内容を改めたものもあるが、参考までに出典を挙げておこう。

「鹿鳴館時代」における仏教主義女学校の設立とその理念
(京都女子大学宗教・文化研究所『研究紀要』第九号　一九九六年三月)
「良妻賢母主義」イデオロギー成立期における仏教主義女学校の設立とその理念

（京都女子大学宗教・文化研究所『研究紀要』第一〇号　一九九七年三月）

明治後期における体制的良妻賢母思想確立の過程

（京都女子大学宗教・文化研究所『研究紀要』第一二号　一九九九年三月）

戦前における西本願寺仏教婦人会の女子大学設立運動

（京都女子大学宗教・文化研究所『研究紀要』第一二号　一九九九年三月）

資料の収集には、実に多くの方面からのご協力をいただいた。その数は一〇〇を超え、いちいちお名前を記すことはできないが、あらためて心より感謝の念を申し述べたい。

最後となったが、本書が刊行にこぎつけたのには、母校龍谷大学の赤松徹真先生のご指導ご推薦と、法藏館の西村七兵衛社長をはじめ、上別府茂編集長、池田顕雄氏のご好意によるところが大きい。また久木幸男先生（横浜国立大学名誉教授）の書面によるご教示はたいへん参考となるところがあった。とくにお礼を申し述べておきたい。

二〇〇〇年九月

中西直樹

中西直樹（なかにし　なおき）
1961年生まれ。1985年龍谷大学文学部史学科仏教史学専攻卒業。1988年龍谷大学大学院文学研究科国史学専攻修士課程修了。現在、日本仏教教育学会ほかに所属。
論文に「明治初年における文教政策と仏教─特に神官僧侶学校の設置・廃止をめぐって」（福間光超先生還暦記念論集『真宗論叢』、永田文昌堂、1993年）「近代西本願寺教団における在家信者の系譜─弘教講、顕道学校、そして小川宗」（福嶋寛隆編『日本思想史における国家と宗教』上巻、永田文昌堂、1990年）「日本ユニテリアン協会の試みと挫折─宗教的寛容と雑居性との狭間のなかで」（『龍谷史壇』第114号、2000年）ほか多数。

日本近代の仏教女子教育
二〇〇〇年一二月一〇日　初版第一刷発行
著者　中西直樹
発行者　西村七兵衛
発行所　株式会社 法藏館
京都市下京区正面通烏丸東入
郵便番号　六〇〇─八一五三
電話　〇七五（三四三）五六五六
振替　〇一〇七〇─三─二七四三
印刷　リコーアート　製本　新日本製本
乱丁・落丁本の場合はお取り替え致します
ISBN4-8318-8155-4 C1021